U0581151

文化产业集聚理论与实践研究

以河南省为例

王志标 等 著

Research on the Theories and Practices
of Agglomeration in Cultural Industries:
Take Henan Province as an Example

人民出版社

序

　　自从 2005 年不期然进入文化产业研究领域以来,我已在这个领域耕耘了17 年。从最初对于这个领域的感性认识,甚至带有神秘性的认识,到经历诸多实践后的熟稔于心,文化产业研究始终吸引着我,占据我研究经历的大部分空间。

　　2007 年博士毕业工作以后,我利用各种机会对文化产业集聚区和文化产业进行调研。有些文化产业以集聚体的形式存在,有些则以个别的形式存在。2009 年 8 月,在炎热的暑假,我与同事兼同乡朱红伟博士一起返乡调研。我先后调研了廷怀汝瓷、玉松汝瓷,后在朱红伟博士带领下调研了朱氏汝瓷,这三家汝瓷应该是汝瓷的代表性企业。他们的掌门人李廷怀、孟玉松、朱文立在20 世纪 80 年代后期一起研发成功了汝瓷的天蓝釉、豆绿釉,成为汝瓷技艺复兴的功臣。但是,由于某些原因,他们的汝瓷厂并未集聚在一起,而是分散的。调研后,与汝宝斋创建人胡忠成彻夜长谈,他作为汝州市美术汝瓷厂的办公室主任见证了汝瓷技艺复兴的过程,对于汝瓷企业的现状比较了解,我也结合过去几年的研究经历和调研情况谈了自己对于汝瓷生产、创新、经营、宣传等方面的看法,我们的交流碰撞出了许多火花。第二天,我雇了一辆出租车,我们三人一起乘车到邻县的神垕镇。神垕镇漫山遍野的钧瓷企业给我留下了深刻印象,我想,这才是真正的文化产业集聚区。胡先生与这些钧瓷企业在过去曾经有过交流,所以调研比较顺利,我们受到了比较热情的接待,我的日记本也

1

记录得很充实。又过去了差不多 10 年,我第二次来到了神垕镇,以河南省文化产业专家身份对申报河南省文化产业示范基地的企业进行评价,神垕镇面貌大变,几乎令我无法回想起过去调研时的情景。

在过去的十几年里,我相继调研过许多文化产业,如前面指出的汝州汝瓷、禹州钧瓷,还有许昌发制品、许昌博物馆、许昌图书馆,焦作绞胎瓷、黑瓷、漆器,洛阳青铜器、唐三彩、牡丹瓷、牡丹画、民间博物馆,南阳镇平玉雕、内乡县衙、开封汴绣、官瓷和朱仙镇木版年画、开封博物馆、开封图书馆,郑州动漫产业、郑州市豫剧院、郑州博物馆、郑州市群众艺术馆,等等。作为河南省文化产业专家考察过的文化企业更多,不一一列举。这些文化产业或以分散形式存在,或以集聚形式存在,为本书中的实践部分增添了真实感知。

由于在文化产业集聚中的直接感受使得我理解了文化产业集聚对于一个地区经济发展、文化繁荣、产业带动、人民收入增长的重要意义,激起了我对文化产业集聚进行研究的兴趣。我先后申请并主持了河南省科技厅软科学研究项目"河南文化创意产业集聚研究"(编号:132400410613)、河南省哲学社会科学规划委托项目"河南文化产业园区发展现状、存在问题及对策研究"(编号:2014GJJ093)。河南大学经济学院硕士研究生侯贺、郎颖丽参与了第一个课题,我指导的硕士研究生张俊菲参与了第二个课题,这两个课题都在 2014 年完成。本书完全融入了这两个课题的研究成果,并做了较大程度的拓展。这两个课题也为本书框架提供了初步构想。

但是,由课题扩展为专著的过程并不顺利。其间,我因为工作转换和其他一些更为紧迫的任务而一再延迟这一过程。直到 2021 年,我下定决心暂不接手其他新任务,专心致志于此前已经有合同或写作计划的任务,直至将它们全部完成。在这样的方针指引下,我开始一个个完成过去已经拖延了很长时间的工作,当然,在整个过程中离不开我的合作者们,他们主要是我过去指导的研究生,也有的是我曾经给予某一方面指导的学生。由于我们从过去到今天卓有成效的合作和不懈工作,最终完成了一些迫切需要完成的任务。这本专著的骨骼和肌肉也逐渐丰满,得以呈现出来。

在这本书里,主要关注两个方面的问题,即文化产业集聚的理论与实践。这两个问题构成了"文化产业集聚"这一硬币的两面。文化产业集聚理论,乃至于文化产业集聚的术语都是从实践中提炼出来的;实践是文化产业集聚的起源,也是最好和最后的归宿。由于当前不同学科都在关注文化产业,并赋予其"文化产业""创意产业""文化创意产业""文化与创意产业"等不同称谓,区分这些称谓虽然有一定意义,但并非至关重要的事情。尤其相对于本书的论题而言,没有必要陷入概念的泥淖里,所以在本书中回避了这些争论。类似地,文化产业集聚、文化产业集群、文化产业园区也都有着某种相似性,要对它们进行严格的区分既颇费笔墨,也未必能够准确地将其区别开来,所以在本书中同样进行了淡化处理。我们主要聚焦于一些能够拿得准的、有助于更好地认识和应用文化产业集聚观念的问题。即便如此,以我们有限的知识储备和实践而论,也未必能够在这些问题方面处理得较为妥当。

概而述之,文化产业集聚理论仍处于构建之中,在本书中主要关注了文化产业集聚的模式、动因、运行机理、适度规模。这几个方面显然是由浅入深的。对于文化产业集聚的模式研究是描述性的,借由对于文化产业集聚的观察按照一定的标准进行分类。由于某一文化产业集聚区可能同时满足几个条件,也可能仅满足一个条件,所以这种分类未必足够精确,而仅仅提供了我们认识文化产业集聚模式的一种途径。通过这些分类,我们能够把握住现实中文化产业集聚的几种理想图式,并把所看到、所遇到的文化产业集聚模式与理想图式进行对接和印证。在明确了文化产业集聚是什么及其表现之后,就可以进一步思考是什么因素促成了文化产业集聚以及文化产业集聚是如何运行的。这两个问题是相互联系的。促成文化产业集聚的因素也是确保文化产业集聚区运行的因素,所以,文化产业集聚的运行机理研究是在文化产业集聚的动因基础上所做的进一步研究。但是,无论是对于文化产业集聚动因的研究,还是对于文化产业集聚运行机理的研究,都无法穷尽所有相关因素,而只能抓住主要因素、主要主体及其相互作用机制。提出文化产业集聚的适度规模问题源自对于现实的观察。也就是说,随着文化产业集聚区内文化企业数量的增长,总有一天会使得文化产业集聚区无法容纳更多的文化企业。在另一层意义上,同种类型文化产业集聚区的增加会带来同质化竞争,从而造成对于资源的过度消耗和价格上的激烈竞争,即产生大量无谓损失,这在资源配置方面是无效的,所以需要加以避免。因此,研究文化产业集聚的适度规模实际上是为了解决文化产业集聚区无法继续发展的问题。

文化产业集聚的实践是本书考察的另一重点。这种考察体现在两个方面。一方面,本书详细研究了国内外文化产业集聚的典型案例以及河南省的文化产业集聚典型案例。所选取的国内外文化产业集聚的典型案例都是在世界范围内较为知名、较为成功的案例,已经被不少专业研究者进行过研究,能够为河南省文化产业集聚提供经验借鉴。但是,这并不意味着河南文化产业集聚区就没有成功经验,或者在世界范围内不够知名。将国内外文化产业集聚的典型案例安排在文化产业集聚模式之后,有助于通过案例来印证模式,为理论分析提供实践认知,并为河南省典型案例提供参照系。另一方面,文化产业集聚的案例也分布在一些理论章节和实证章节。在这些章节里,通过案例来提供论据和例证,以深化对于理论的理解和对于实证的分析。

从全书的分布来看,第二章到第五章提供了本书题目的理论部分,第六章到第九章主要呼应了本书的副标题。当然,在第二章到第五章的某些局部也存在对于河南案例的运用。从这个角度看,也可以将第二章到第五章视为本书的理论分析,第六章到第九章视为本书的实证分析。理论分析与实证分析构成了本书分析的整体方法。本书运用较多的方法还有案例分析、区位熵以及某些具体理论模型等,不再赘述。

全书不同部分参考了笔者及合作者过去的一些研究成果。有些成果已在正式出版物上发表;有些成果尚未发表,仅以研究报告的形式存在。第一章文献述评主要参考王志标、杨京圆合著《文化产业集聚研究述评》(《社会科学动态》2019 年第 7 期）及王志标撰写的研究报告《河南文化产业园区发展现状、存在问题及对策研究》。第二章文化产业集聚模式的分类主要参考王志标、侯贺、郎颖丽撰写的研究报告《河南文化创意产业集聚研究》，但是做了较大程度的扩展。第三章文化产业集聚的动因分析主要参考王志标、侯贺、郎颖丽撰写的研究报告《河南文化创意产业集聚研究》，并进行了适当扩展。第四章文化产业集聚的运行机理主要参考王志标、侯贺、郎颖丽撰写的研究报告《河南文化创意产业集聚研究》。第六章河南文化产业集聚水平测算参考了王志标、侯贺、郎颖丽撰写的研究报告《河南文化创意产业集聚研究》，并在最新数据基础上进行了较大程度的扩展。第七章河南文化产业集聚的效应分析主要参考王志标、侯贺、郎颖丽撰写的研究报告《河南文化创意产业集聚研究》。第八章第一节宝丰县赵庄魔术产业集聚区主要参考王志标、张俊菲撰写的研究报告《宝丰县赵庄魔术文化产业发展状况、环境分析与经验启示》（卫绍生主编：《河南文化发展报告（2017）》，社会科学文献出版社 2017 年版，第 297—307 页）。第八章第五节汝州汝瓷小镇参考了王志标《汝瓷产业化发展的障碍与对策》（《周口师范学院学报》2011 年第 4 期），并做了较多扩展。第九章河南文化产业集聚区发展对策主要参考王志标撰写的研究报告《河南文化产业园区发展现状、存在问题及对策研究》，这几章的部分内容已经发表在《创新科技》2015 年第 12 期。

本书分工如下。王志标（长江师范学院教授、期刊社负责人）负责全书框架设计和内容修改，校核了全部脚注。绪论，由王志标完成；第一章，由王志标、杨京圆（国家税务总局禹州市税务局一级行政执法员）完成；第二章，第一节至第三节由杨盼盼（郑州经贸学院经济学院讲师）、王志标、侯贺（深圳市中研普华产业研究院有限公司研究部经理）完成，第四节和本章小结由杨盼盼完成；第三章第一、二、四节和本章小结由杨盼盼完成，第三、五节由王志标、侯贺、郎颖丽（中信银行新乡分行零售客户经理）完成；第四章第一节至第三节由王志标撰写初稿、姚培博（郑州城市职业学院商学院助教）补充修改，本章小结由王志标完成;第五章第一节由杨盼盼完成,第二节由杨盼盼、王志标完成,第三节、本章小结由王志标完成;第六章第一节由刘真真、郎颖丽完成,第二节至本章小结由杨盼盼完成;第七章第一节由姚培博完成,第二节至本章小结由王志标完成;第八章第一节由王志标、张俊菲完成,第二、四节由刘真真完成,第五节由杨盼盼完成,本章小结由王志标完成;第九章由王志标完成。王志标、杨盼盼修改了脚注格式,并整理了书后参考文献。

感谢许多朋友在过去所给予的帮助和支持。感谢河南省统计局原二级巡视员李贵峰、综合处副处长徐委乔、社科处二级调研员孔令惠,河南省地方经济社会调查队农产量处处长梁文海等同志在文化产业统计数据方面所提供的支持。感谢河南省文化厅原巡视员郭书城、河南省委宣传部反非法反违禁处处长张锦等同志在文化产业调研方面所提供的支持。感谢河南省社科院研究员卫绍生同志对《宝丰县赵庄魔术文化产业发展状况、环境分析与经验启示》一文所提建议。感谢汝州市人民政府所提供的汝瓷小镇资料。感谢河南大学魏剑锋教授在产业集聚方面所提供的专业知识和交流。理应感谢的人还有很多,在此难以一一尽述。

由于本人眼界和水平所限,书中遗漏和错误在所难免,敬请读者和专家批评指正。

2022 年 5 月 7 日

目　　录

绪　　论

一、文化产业集聚研究的目的和意义

文化产业集聚发展是文化产业的一种重要发展思路,并因其对于文化产业的推动作用而受到地方政府的重视,从而在全国很多地方推广开来。文化产业集聚在现实中体现为文化产业园区、文化产业集聚区、文化产业专业村、特色小镇、文化综合体等形态。河南地处中原,文化资源丰厚,文化产业集聚具有一定的基础。

河南省文化产业示范园区已评选 7 批。第一批有开封宋都古城文化产业园区、郑州嵩山文化产业园区、镇平县石佛寺镇玉文化产业园区、龙门文化旅游园区、社旗县赊店商埠文化产业园区、禹州市(神垕)钧瓷文化产业园区等 6 家。[①] 第五批有内乡县县衙文化产业园、汝州市汝瓷电子商务产业园、郑州国际文化创意产业园等 3 家。[②] 第六批有浚县古城文化产业园区、濮阳国际杂技文化产业园、兰考县民族乐器产业园区等 3 家。[③] 第七批有夏邑火店镇文

---

① 陈苗:《我省命名 6 个"河南省文化产业示范园区"》,2010 年 9 月 4 日,见 https://news.sina.com.cn/o/2010-09-04/033418064518s.shtml。

② 王晓杰、苗叶茜:《内乡县县衙文化产业园被命名为第五批"河南省文化产业示范园区"》,2017 年 8 月 21 日,见 https://henan.china.com/tour/whhn/20000102/20170821/25108253.html。

③ 《省文化和旅游厅评选命名 3 家省级文化产业示范园区》,2020 年 1 月 2 日,见 https://hct.henan.gov.cn/2020/01-02/1242536.html。

1

化产业园、睢县惠济文化大观园、洛阳天心文化产业园、古灵山文化产业园区（鹤壁）等4家。① 第二批、第三批和第四批的情况不详。

据不完全统计，河南省有60个文化产业特色村。2019年入选的河南省文化产业特色乡村包括通许县长智镇岳寨村、孟津县平乐镇平乐村、偃师市缑氏镇马屯村、宝丰县大营镇、温县赵堡镇陈家沟村、浚县屯子镇裴庄村、清丰县双庙乡单拐村、渑池县洪阳镇柳庄村、鄢陵县彭店镇、许昌市建安区灵井镇霍庄村、临颍县南街村、南召县云阳镇铁佛寺村、民权县花园乡赵洪坡村、夏邑县火店镇、光山县文殊乡东岳村、平舆县西洋店镇西洋潭村、济源市坡头镇、济源市邵原镇、永城市苗村镇、固始县三河尖镇。② 2020年入选的河南省文化产业特色乡村包括栾川县重渡沟生态旅游建设示范区管理委员会重渡社区、光山县文殊乡、登封市少林街道雷家沟村、濮阳县娄昌湖村、宝丰县赵庄镇、嵩县车村镇天桥沟村、汝州市温泉镇、民权县王桥镇麻花庄村、正阳县王勿桥乡、中牟县大孟镇、洛阳市西工区红山街道办事处樱桃沟村、西峡县太平镇东坪村、林州市黄华镇、禹州市神垕镇槐树湾村、睢县白庙乡土楼村、焦作市中站区府城街道办事处北朱村、开封市祥符区西姜寨乡西姜寨村、永城市太丘镇、临颍县黄帝庙乡、辉县市常村镇百间寺村。③ 2021年入选的河南省文化产业特色乡村包括郑州市二七区樱桃沟景区开发管理委员会樱桃沟社区、开封市禹王台区汪屯乡大李庄社区、开封市祥符区陈留镇西街村、伊川县葛寨镇烟涧村、郏县广阔天地乡、鹤壁市鹤山区姬家山乡东齐村、辉县市常村镇、修武县西村乡大南坡村、禹州市苌庄镇玩花台村、临颍县繁城回族镇献街村、三门峡市陕州区西张村镇南沟村、南阳市卧龙区石桥镇、夏邑县桑堌乡、信阳市平桥区明港

① 《第七批河南省文化产业示范园区评选结果公示》，2021年12月23日，见 https://hct.henan.gov.cn/2021/12-23/2370706.html。
② 温小娟：《河南再添20个文化产业特色乡村》，2020年1月6日，见 http://news.hawh.cn/content/202001/06/content_420430.html。
③ 《"河南省文化产业特色乡村"公示 20村榜上有名》，2020年12月17日，见 https://www.henan.gov.cn/2020/12-16/2000194.html。

镇清淮移民新村、光山县文殊乡猪山圈村、确山县竹沟镇、上蔡县东岸乡、巩义市大峪沟镇海上桥村、兰考县堌阳镇后双井村、鹿邑县观堂镇。①

由此可见，河南省文化产业集聚区数量可观，为文化产业集聚研究提供了充足的样本。关于文化产业集聚研究，需要思考的问题包括：什么促使了一些特定文化产业门类在一个区域的空间集聚？哪些文化产业门类容易形成文化产业集聚？文化产业集聚区是如何运行的？文化产业集聚能够为集聚的那个产业、集聚的乡镇（县）、相关产业链、其他产业带来怎样的影响？在当前，河南省文化产业集聚存在哪些问题？本书的研究就立足于回答和解决这些问题，并将理论与实践紧密结合，使其能够对文化产业理论和实践都具有一定的参考意义。

从理论上讲，关于文化产业集聚的研究关注了文化产业集聚概念、模式、机制、影响等维度，但是，对于文化产业集聚动因、效果、效应、适度规模等问题仍研究得不够。所以，本书的研究可以在这些方面取得一定的进展。

从实践上讲，本书研究总结了河南省的几个经典文化产业集聚案例，对于河南省文化产业集聚问题的揭示和对策的提出也为其他地区的文化产业集聚提供了经验借鉴。本书在理论方面的研究则有助于各地区依据自身特点选择适合的文化产业集聚模式，确定打造文化产业集聚区的努力方向，使集聚区内的集聚主体更好发挥自己的作用。

二、文化产业集聚的时间与空间

文化产业集聚需要时间和空间是毋庸置疑的。时间促成了文化产业集聚，空间是文化产业集聚的载体。

在第一个方面，可以观察到，无论历史悠久的文化产业集聚区，如神垕镇钧瓷产业集聚区、石佛寺玉雕产业集聚区，还是新兴起的文化产业集聚区，都

---

① 陈静：《20 个乡村上榜！河南省文化产业特色乡村评选结果公示》，2021 年 12 月 27 日，见 https://www.henan.gov.cn/2021/12-27/2372061.html。

有时间的烙印,随着时代的变迁起起伏伏。时代通过它的制度和资源配置手段在较大程度上影响了文化产业集聚的动力、可能性、前景,因此使理性经济人作出与之相适应的决策。尽管某些决策的后果意味着倒退,但是它们总归是时间的投影。同时,也应看到,在决策的背后是人们对于美好生活的向往。文化产业集聚区的文化企业、个体户是主体,是生产者、经营者和销售者,当然,也是文化产业集聚的践行者。他们从业于某种文化产业可能出于谋生的需要,可能因为家族传承,或因为喜欢那些文化产品。在文化市场的另一端,是千百万文化消费者。这些消费者之所以愿意消费文化产品,源自他们的精神文化需要,或者对于美好生活的追求。仅有需求尚不足以支撑文化产业集聚,支撑文化产业集聚的是有大量的需求,大量的需求足以催生一个文化市场,使文化产业集聚。因此,时间构造了文化产业集聚市场的两端而非一端。

文化产业集聚总是离不开空间。空间有大有小,这就导致对于文化产业集聚的判断也有大有小。大而言之,我们可以称某种文化产业集聚在某一个国家、某一个省、某一个县。当然,这种集聚主要指的是"规模",也就是说,某个国家、某个省、某个县在某类文化产业中具有相当大的规模,这使其呈现出文化产业集聚的性质。小而言之,文化产业集聚在某一个产业园区、某一个专业村、某一个建筑物内,这种集聚是我们惯常所理解的文化产业集聚。但是,在实践中,大而言之的文化产业集聚更为稳定,且在统计上容易得到支撑;小而言之的文化产业集聚可能具有较大波动性,会随着政策、市场以及灾害的变化而出现较大幅度的波动。所以,在本书研究中,既关注大而言之的文化产业集聚,也关注小而言之的文化产业集聚。更确切地说,在文化产业集聚的测算中主要聚焦于宏观或中观意义上的文化产业集聚;在典型案例的示范性方面主要聚焦于微观及个别中观意义上的文化产业集聚。从集聚的知识共享、基础设施共享、平台共享、信息交流等方面来看,集聚的空间越小,其中的共享和交流就越充分,单位面积所承载的产业指标就越大。但是,集聚的空间越小,集聚主体和集聚空间的活动个体就越容易产生拥挤感、不舒适感。因此,集聚空间、利用效率、拥挤感之间必然存在着相互作用,而真实的文化产业集聚也会随着这种相互作用而进行扩张或收缩。

三、文化产业集聚的理论与实践

文化产业集聚的理论与实践是本书研究对象。理论与实践存在着一种先后关系和相互关系。理论可能先于实践,实践也可能先于理论;理论会影响实践,反之,实践也将促进理论发展。从文化产业集聚来看,实践要早于理论,从理论产生之后,两者携手并进。总体而言,文化产业集聚的理论总在追赶实践,尤其在微观层面,实践总具有超前性、探索性,这是不可避免的。实践文化产业集聚的主体总是力求成功,这就使他们成为创新的实践者、引导者,对于理论的提炼则在其成功之后展开。

文化产业集聚的理论实际上仍有很大的探索空间。原因之一在于,现有的文化产业集聚理论较多地模仿和嫁接了原本用于研究工业集聚的理论。文化产业集聚理论是否可以简单挪用、套用工业集聚理论值得思考。文化产业不同于工业之处颇多,但是由于不少研究者视野的局限性,忽略了文化产业的特殊性。遗憾的是,本书中对于文化产业特殊性的兼顾仍然不够,仅在此处及下文个别地方有所提及。但是,指明这一问题对于未来的文化产业集聚研究沿着正确的方向前进仍然是有必要的。原因之二在于,现有的文化产业集聚理论主要是描述性、解释性的,少数是评价性的,但是缺乏预测性的研究。大量的描述性、解释性研究固然与我们对于文化产业集聚的认识不够充分有关,也与评价中的一些难题有关。主要是统计问题:一是统计指标之间难以衔接,如文化产业增加值始终是间断性的;二是统计信息不够完善,无法确知微观世界,例如文化企业、个体户的变化,也无法据此进行分析。有鉴于此,现有评价性研究可能与真实的文化产业集聚相去甚远。在当前因数据问题预测性研究难度更大,所以只能进行定性预测。

文化产业集聚的实践由来已久,但是人们真正开始关注并重视对这种集聚现象的研究主要发生在 2005 年之后。最初,人们关注的是城市或处于城市边缘的文化产业集聚,原因可能是交通方式限制了人们的调研活动,而且处于城市或城市边缘的文化产业集聚会得到更多报道,因而拥有较高知名度。这种文化产业集聚也往往与政府的推动相关,所以在政策层面对这种集聚会给予较多关注和支持。在国家提出乡村振兴战略后,对于乡村文化产业集聚的关注更趋增加。在当前,文化产业集聚在城市和乡村都比较活跃。但是,由于人口越来越多地聚集于城市,文化产业集聚的市场仍在城市。本书所采用的典型案例以城市文化产业集聚案例居多。但是,随着城市化、城乡一体化的发展,乡村文化产业集聚区未来可能会演变为城市文化产业集聚区。无论空间格局如何转换,比较重要的是理解这些文化产业集聚区何以集聚、何以发展、有何贡献和经验。

四、本书的研究框架及核心内容

本书主体部分由第一章至第九章构成:

第一章文献述评。主要从文化产业集聚概念、文化产业集聚模式、文化产业集聚机制、文化产业集聚影响展开。国内外不同学者对文化产业及文化产业集聚的概念理解存在一定程度的差异,目前还没有统一的界定。关于文化产业集聚模式的研究主要依据集聚的主导力量、依托资源、产业间联系、实现功能进行划分。根据主导力量将文化产业集聚模式划分为政府主导型、市场自发型以及多元合作型。根据依托资源的划分大多强调文化产业集聚对区域文化资源禀赋的依赖性。根据产业间联系所做研究聚焦于对文化产业链集聚模式、文化产业集聚与地区经济的联系的研究。对文化产业集聚实现功能的研究主要有功能四分法、七个核心尺度等观点。关于文化产业集聚机制的研究探讨了文化产业集聚的影响因素和运行机制。关于文化产业集聚的经典理论主要有韦伯的区位集聚理论、克鲁格曼的新经济地理学理论和波特的钻石模型等,关注区位、要素禀赋、产业政策等的影响。关于文化产业集聚运行机制的研究主要讨论了文化产业集聚内生机制和外源动力，信息技术、知识共享等对文化产业集聚的作用。关于文化产业集聚影响的研究主要关注文化产业集聚对于经济增长、城市发展的影响以及溢出效应。对于经济增长的影响侧重于对于区域经济增长和产业结构优化的影响；对于城市发展的影响主要考察文化产业集聚对城市发展的影响以及两者耦合效应；对于溢出效应关注溢出效应存在性和具体作用。

第二章文化产业集聚模式的分类。主要讨论文化产业集聚模式的分类基础、按照形成主体划分的文化产业集聚模式、按照依托资源划分的文化产业集聚模式、按照产业联系划分的文化产业集聚模式。对于文化产业集聚模式分类有利于从不同的视角对不同集聚模式的形成机理进行研究，又有利于为新兴文化产业集聚区依据自身特点选择适合自己发展的集聚模式提供参考。按照形成主体将文化产业集聚模式划分为市场主导型、政府主导型、政府—市场型以及官产学研结合型等四种；按照依托资源将文化产业集聚模式划分为以人力资本为核心的集聚模式、以政府资源为核心的集聚模式、以市场资源为核心的集聚模式、以企业资源为核心的集聚模式和以城市为核心的集聚模式等五种；按照产业联系将文化产业集聚模式划分为以产业价值链为核心的模式和不同业态的融合发展模式。

第三章文化产业集聚的动因分析。主要讨论了文化产业集聚与学习效应、城市功能转型、集群租金、优惠政策、建筑空间优势之间的关系，这几个方面的因素促成了文化产业集聚。学习效应突出表现为对于缄默知识习得的效应，由此提高了文化企业的创新能力和效率。产业转型升级对于城市功能转换提出了要求，为文化产业集聚提供了潜在机遇。集群租金决定了文化产业的选址，也决定了文化产业集聚的生命周期，并解释了文化产业集聚区的转换。优惠政策对于文化企业具有较大的吸引力，是政府主导的文化产业园区得以发展的动力所在。建筑空间优势促成了不同创意者在一个建筑空间内的集聚，使他们分享空间功能的多样性、空间的可变性和丰富的空间形态。

第四章文化产业集聚的运行机理。主要讨论了文化产业集聚区的形成和运行机理、文化产业集群网络结构的形成和创新、文化产业集聚区的运行周期等。文化产业集聚区的形成和运行受到社会因素、环境因素和制度因素的影响。文化产业集群网络结构由企业、政府部门、高校、科研机构、中介机构、金融机构等组成。文化产业集聚的生命周期包括形成期、成长期、成熟期和衰退期等4个阶段。

第五章文化产业集聚的适度规模。主要讨论了文化产业集聚区的规模度量、文化产业集聚区保持适度规模的原因分析、文化产业集聚区保持适度规模的政策措施。对于文化产业集聚区的规模主要利用宏观指标,如文化产业增加值、从业人数、文化企业数量等进行分析。从理论上对文化产业集聚适度规模、过度规模和过小规模进行了界定,提出了非适度规模带来的问题。从完善文化市场准入和退出机制、加强对文化市场秩序的监管、推动文化企业间的整合等方面提出了文化产业集聚区保持适度规模的政策措施。

第六章河南文化产业集聚水平测算。主要总结了产业集聚水平测算方法,对河南省分地市文化产业集聚水平进行了测算,并对河南省文化产业集聚水平进行了纵向和横向比较。产业集聚水平测算方法有区位熵、行业集中度、赫芬达尔—赫希曼指数、空间基尼系数、E-G指数等。经过测算,2017—2019年洛阳市、平顶山市、安阳市、鹤壁市、新乡市、三门峡市、南阳市、商丘市、信阳市以及周口市区位熵基本上处于逐渐增长的态势;区位熵超过1的有开封市、洛阳市、平顶山市、许昌市、南阳市以及商丘市;区位熵低于1的有郑州市、安阳市、鹤壁市、新乡市、焦作市、濮阳市、漯河市、三门峡市、信阳市、周口市、驻马店市以及济源市;2018年河南的区位熵为0.97,在16个省份中排名第十。

第七章河南文化产业集聚的效应分析。主要讨论了河南省文化产业集聚的乘数效应、群聚效应、产业链效应、知识溢出效应。乘数效应源于文化产业与其他产业之间的关联性,包括直接效应、间接效应和引致效应。群聚效应决定了集聚时存在最优集聚企业数量,产业关联度高的文化产业更容易发挥群聚效应。文化产业链中的企业在产业链上有着横向或纵向的联系,形成了空间意义上的产业链效应。河南省文化产业集聚区的知识溢出效应比较明显,由于知识溢出,文化产业的企业数量才不断增加,文化产业规模才不断得以扩大。

第八章河南文化产业集聚区典型模式。选取了宝丰县赵庄魔术文化产业集聚区、民权王公庄"画虎村"、镇平石佛寺玉雕产业集群、孟津南石山村唐三彩产业集群、汝州汝瓷小镇作为典型模式。这些产业集聚区集中于表演、绘画、玉雕、唐三彩、汝瓷等文化产业核心领域。前面4个文化产业集聚区都有着时间较长的发展历史,汝瓷小镇是政府在文化企业发展基础上建设的。这些文化产业集聚区在产业形成和集聚、市场开拓、人才培养、产业链、政府政策等方面都能够为其他地区文化产业集聚带来经验启示。

第九章河南文化产业集聚区发展对策。基于调研中发现的问题从明确目标、进行特色定位、优化管理模式、适度开发、优化政策引导与支持体系、科学规划等6个方面提出了相应的对策。文化产业集聚区建设的核心目标是促进文化企业的集聚和发展;要平衡经济目标和社会目标,不一味追求和片面强调经济目标;目标要具体,并与地方优势相结合。要深化基础要素分析,明确占优势的文化产业或文化资源是什么,确立文化产业集聚区的功能,对文化产业集聚区进行特色定位。要明确政府在文化产业集聚区管理中的职责,既不"缺位",又不"越位";努力创造一种公平竞争的环境和机制,充分调动各种所有制形式文化企业的创造活力和创业干劲;成立专业化的管理或服务组织机构。要改善文化产业集聚区内外的配套基础设施;建立文化企业的进入与退出机制,保持文化企业的适当数量;积极实施品牌营销策略。要加大对小微企业的支持力度,保持文化生产的活力;创新对传统文化产业的支持方式,促进其转型升级;探索对文化消费的政策支持,引导文化生产方向。要聚焦特色文化产业,提升其产业集聚效果;对区域优势文化资源进行合理配置,打造地方特色和优势;推动文化产业与其他产业的融合发展,不断提升文化产业集聚区的科技含量。

五、创新与特色

本书的创新与特色主要体现在:

第一,理论与实践相结合。正如本书标题所表明的,本书力图将文化产业集聚的理论与实践融为一体,在本书中既研究文化产业集聚的理论,又研究文化产业集聚的实践。而且,尽可能使全书布局符合逻辑,体现出理论对于实践的指导作用和实践对于理论的反馈作用。

第二,在理论层面尝试构建一个相对完整的体系。对于文化产业集聚而言,集聚类型、集聚动因、集聚机理、集聚效果、集聚效应构成了其核心研究内容。本书对于每个方面都进行了较为翔实的阐释,尤其对于文化产业集聚效果和集聚效应的分析较过去深入,并提出了文化产业适度规模集聚的命题。

第三,在实践层面考察了不同类型的文化产业集聚案例。这些文化产业集聚案例既有国内的,也有国外的;既有国内发达地区的,也有河南本地的。文化产业集聚案例涉及的行业包括绘画、剧院、影视、动漫、魔术、玉雕、唐三彩、汝瓷等较为丰富的产业类型,能够为文化产业集聚提供一个相对比较宽阔的视角。

六、未来进一步研究方向

现实中文化产业集聚的形态向着特色小镇、文商旅综合体、农旅文一体化等演化,业态更为综合,管理方式更为灵活,为文化产业集聚提供了新的研究方向。

第一,研究文化产业集聚的专业细分。通过专业细分,可以避免园区之间的同质化竞争,使每个园区专注于某一行业,最终在这一行业做深、做强;专业化分工也是社会分工演化的必然趋势,可以使园区提高其运行效率。专业细分带来的一个好处是,园区可以逐步构建自身的特色,以特色打造品牌,最终可以提高自身的知名度和影响力。

第二,研究文化产业集聚的精益管理。通过改革开放后 40 多年的发展,尤其最近 10 年来的探索,文化产业集聚的管理日益成熟。精益管理是文化产业集聚管理规范化的必然结果,对提升文化产业集聚的效果和效应都能够起到较积极作用。对于文化产业集聚区的发展规划、管理政策制定、信息传递到平台服务,都要认真考虑,以努力降低集聚区的运行成本,实现集聚区的价值最大化。

第三,研究文化产业集聚的带动作用。文化产业集聚不仅是实现一业兴旺的有效途径,对相关产业甚至区域内的其他不相关产业都会产生空间溢出效应。如何促进文化产业集聚的带动作用,使其突破空间和地理范围,能够对其他产业形成溢出效应,应该是未来需要关注的问题。特别是在文化、生态、商业协同发展层面,值得加大力度进行研究。

第一章　文献述评

第一节　关于文化产业集聚概念的研究

文化产业作为一种特殊的经济形态,既属于文化领域,又属于经济领域,具有复合性。由于不同学者对文化产业的研究角度和侧重点不同,对文化产业及其相关概念的界定也有所差别。国内外学者关于文化产业概念的研究包括三个方面,即文化产业概念、产业集聚概念和文化产业集聚概念。

一、文化产业概念研究

"文化产业"的概念最早出自西奥多·阿多诺(Thedor Adono)和马克斯·霍克海默(Max Horkheimer)合著的《启蒙辩证法》一书,他们提出的事实上是"文化工业"的概念,认为文化工业本质上是一种按设定的结构进行批量化和重复性生产的工业。[①] "文化工业"概念是"文化产业"概念的前身,此后有众多学者从不同的角度对"文化产业"的概念进行了探讨和研究。一个角度强调文化产业的独特属性。苏雪串(2012)认为文化产业是以文化属性为依托,通过满足人们娱乐、求知、审美等一系列精神和智力需求来获得利润、从事相

[①] ［德］霍克海默、阿多诺:《启蒙辩证法(哲学片断)》,洪佩郁、蔺月峰译,上海人民出版社1990年版,第138—139页。

关产品生产和服务的行业。① 另一个角度强调文化产业的创新、创意特征。戴维·思罗斯比(David Throsby,2010)指出,文化产业以产生创意思想的条件为核心,不断与其他各种投入要素结合,以覆盖不断扩大的产品范围,由此向外辐射。② 文化产业是一种典型的资本密集型产业,依赖的资源是文化创意人才和创意环境。③ 文化产业从业人员利用文化的比较优势,对现有文化资源进行创新和整合,依靠个人才智和高科技手段,开发运用知识产权进行相关产品的生产,因此文化产品具有高知识性、高附加值和强融合性的特征。④

二、产业集聚概念研究

关于产业集聚概念的界定主要是对集聚原因、机制和特征的简要描述。马歇尔(Marshall,1980)在其著作《经济学原理》中首次提出"产业集聚"的概念,认为外部规模经济是产生集聚的动因。⑤ 波特(Porter,1985)指出,产业集聚是由与某一产业领域相关的相互之间具有密切联系的企业及其他相应机构组成的有机整体。⑥ 克鲁格曼(Krugman,1995)认为,产业集聚是由企业的规模报酬递增、运输成本和生产要素移动等通过市场传导的相互作用而产生的,并指出集聚的产生和区位都具有"历史依赖性"。⑦ 李小建和李二玲(2002)认为,产业集聚指的是某种特定产业及其相关支撑产业,或属于不同类型的产

---

① 苏雪串:《文化产业在中心城市空间集聚的经济机理和模式探析》,《学习与实践》2012年第9期。

② [澳]思罗斯比:《经济学与文化》,王志标、张峥嵘译,中国人民大学出版社2011年版,第122页。

③ 罗能生、刘思宇、刘小庆:《文化产业集聚水平及其影响因素——基于湖南省数据的实证分析》,《广东行政学院学报》2011年第1期。

④ 苏畅:《文化产业集聚与发展的分析及建议》,《中国商论》2013年第25期。

⑤ Alfred Marshall, *Principles of Economics*, London: Mcmillan, 1920, p.67.

⑥ Michael E.Porter, "How Information Gives You Competitive Advantage", *Harvard Business Review*, Vol.36, No.4(1985), pp.149-160.

⑦ [美]克鲁格曼:《地理和贸易》,张兆杰译,北京大学出版社2000年版,第153—159页。

业在一定地域范围内的地理集中。①

三、文化产业集聚概念研究

文化产业集聚的内涵是从"产业集聚"的概念中延伸和发展起来的,国内外有大量学者对文化产业集聚的内涵进行了探讨,主要从两个角度来界定其概念。第一种角度强调文化产业的地理集中。莫罗奇(Molotch,1996)认为文化产业集聚就是文化产品与当地文化特征相结合形成地方文化品牌,进而吸引文化企业和相关要素在此形成的区域集聚。② 从这种角度对文化产业集聚的概念进行界定的研究一般是比较早期的研究,为后来国内外学者对文化产业集聚的研究奠定了基础。另一种角度强调文化产业集聚的构成要素和空间联系,且多用"文化产业集群"来定义。普拉特(Pratt,2004)认为文化产业集群是由众多相关联的文化企业及相关支撑机构,根据专业化分工协作在一定区域内形成的产业组织,包括文化产业链上所有上下游企业。③ 康小明和向勇(2005)将文化产业集群的内涵界定为某一领域内的文化产业和相关产业、机构通过密切联系和协同创新,从而获得持续竞争力优势的现象。④ 刘立云和雷宏振(2012)认为文化产业集群通常以传媒产业为核心,通过分工协作关系形成区域集聚,具有整体辐射力并可以产生孵化效应。⑤

与文化产业集聚相类似的一个概念是文化产业园区。在 20 世纪 80 年

---

① 李小建、李二玲:《产业集聚发生机制的比较研究》,《中州学刊》2002 年第 7 期。

② H.Molotch, "LA as Design Product: How Art Works in Regional Economy", in *The City: Los Angeles and Urban Theory at the End of the Twentieth Century*, A.Scott, E.Soja, Berkerley: University of California Press, 1996, pp. 225- 275.

③ A.C.Pratt, "The Cultural Economy", *International Journal of Cultural Studies*, Vol. 7, No. 1 (2004), pp. 117-128.

④ 康小明、向勇:《产业集群与文化产业竞争力的提升》,《北京大学学报(哲学社会科学版)》2005 年第 2 期。

⑤ 刘立云、雷宏振:《中部地区"嵌入型"文化产业集聚效应的实证分析》,《统计与决策》2012 年第 18 期。

代,美国和英国的局部地区开始出现"文化产业园区"的说法。关于文化产业园区的概念研究有两位代表性的人物:德瑞克·韦恩(Derek Wayne)、希拉里·霍姆普夫(Hilary Anne Frost Kumpf)。韦恩提出了文化园区的概念,其核心观点是:城市文化与娱乐设施高度集中的地区被称为文化园区,文化的生产、消费、传承、发展均在该区域进行。① 霍姆普夫提出了文化特区的概念,其核心观点是:城市文化设施高度集中,且具有完善组织、明确标示、供综合使用的地区被称为文化特区。② 此外,普西兰·罗伯特(Pumhiran Noiapot)认为文化园区就是文化企业和文化创新个体在特定有限地理区域组成的文化生产和消费集中地③;约翰·玛彻斯(John McCarthy)认为文化园区是提供文化工作岗位,并通过鼓励经营艺术商品的买卖实现综合效应的特定区域④。

国内学者王伟年和张平宇认为,文化产业园区内涵包括:第一,寻找文化资源丰富、文化底蕴深厚的地域,以当地特有的文化为内容开发特色文化产品;第二,文化产业园区的运作有其特有的机制,需要科学的管理;第三,文化产业园区要符合消费者的文化消费需求;第四,文化产业园区以一定地域为依托,表现了特殊的文化、社会与经济需求。⑤ 李兰认为,文化产业园是文化产业发展的园区化、规模化,是一种文化产业发展在地理空间上的积聚,是整合生产、消费、创新、孵化、企业、投资、服务等一系列功能,具有鲜明的文化特色,

---

① 王伟年、张平宇:《城市文化产业园区建设的区位因素分析》,《人文地理》2006 年第 1 期。

② 王伟年、张平宇:《城市文化产业园区建设的区位因素分析》,《人文地理》2006 年第 1 期。

③ N.Pumhiran, "Reflection on the Disposition of Creative Milieu and its Implications for Cultural Clustering Strategies", in The 41st ISOCARP Congress 2005, http://www.isocarp.net/Data/case_studies/p. 682.pdf.

④ J.Mccarthy, "Implementing Strategy for Creative Spaces: Cultural Quarters in Scotland", 2008-08-29, in scix.net/data/papers/att/181.fullTextPrint.pdf.

⑤ 王伟年、张平宇:《城市文化产业园区建设的区位因素分析》,《人文地理》2006 年第 1 期。

对外界具有一定吸引力。① 王齐国和张凌云(2011)提出,文化产业园区是指为通过创意活动获取价值的精神消费商品相关企业提供孵化和集聚功能的空间形态。②

通过以上梳理和分析可以看出,由于角度的不同,国内外不同学者对文化产业及文化产业集聚的概念理解存在一定程度的差异,目前还没有统一的界定。尽管说法不一,但所指内容基本相同,在"文化产业"的概念界定上大部分学者都强调了文化产业的独特属性和创新特征,在"产业集聚"和"文化产业集聚"的内涵理解上都着重突出地理区位的集中和产业间的相互联系。

第二节 关于文化产业集聚模式的研究

学界关于文化产业集聚模式的研究较多,往往采用定性分析的方法,从四个方面对集聚模式进行划分。第一,根据集聚的主导力量划分;第二,根据依托资源划分;第三,根据产业间联系划分;第四,根据实现的功能划分。根据不同的划分方式,文化产业集聚体现出不同的集聚模式。

一、根据主导力量划分的文化产业集聚模式

从这个角度所做的相关研究将文化产业集聚模式区分为三种类型,分别是政府主导型、市场自发型以及多元合作型。

一部分学者认为在文化产业集聚的过程中,政府发挥着主导作用,这类研究一般以文化产业园区作为研究对象。李靖华等(2013)以杭州西湖区为例,分析了中国风景名胜区文化产业的集聚模式,认为政府要素是文化产业园区

---

① 李兰:《我国文化产业园区发展路径的思考》,《前沿》2011年第24期。
② 王齐国、张凌云:《文化产业园区理论与实践》,山东大学出版社2011年版,第50页。

发展的主导力量,并从风景名胜区建设角度,将文化产业园的文化产业集聚模式区分为老城模式和新城模式,其中新城模式几乎完全依靠政府投资。① 栾阿诗和沈山(2017)对江苏省文化产业集聚进行了考察和研究,认为目前文化产业集聚区的推动建设以政府为主,自发形成的数量较少,政府的重视程度越高,文化产业的集聚状况越好。②

另一部分学者认为中国文化产业集聚模式以市场自发型为主。王缉慈和童昕(2001)指出,产业集群通常是在市场机制作用下自发形成的,政府和其他因素对产业集群的发展起着调控、影响和促进作用。③ 朱古月和赵丽元(2017)认为文化产业空间集聚的主体构成以企业为主,包括政府机关、传媒网络、社会团体、创意人群等阶层,文化产业集聚就是这些地理位置临近、产业中相互关联的主体间的交流活动。④

随着文化产业集聚研究的不断推进,越来越多的学者认同文化产业集聚是在政府、市场和其他机构、阶层协同合作下不断发展的。花建(2007)认为,文化产业集聚区应该包括政府部门、企业、大学和研究机构、中介机构等,共同组成"园区创新网络"。只有充分结合和发挥各个部门或机构的作用,才能推动文化产业集聚区的持续发展。⑤ 向勇和陈娴颖(2010)提出,理想的文化产业集聚发展,应该涵盖社会、经济、政治和多元的发展模式,在环境、人物及活动的作用下,形成的集形象、功能、意向为一体的复合文化空间。⑥

---

① 李靖华、吴开嶂、李宗乘:《我国风景名胜城区文化创意产业园发展模式:杭州市西湖区案例》,《科技进步与对策》2013年第8期。

② 栾阿诗、沈山:《江苏文化产业集聚度测算及其分布特征研究》,《经济师》2017年第12期。

③ 王缉慈、童昕:《简论我国地方企业集群的研究意义》,《经济地理》2001年第5期。

④ 朱古月、赵丽元:《基于城市层面的文化产业评价与空间集聚测度研究——以武汉市为例》,《现代城市研究》2017年第11期。

⑤ 花建:《产业丛与知识源——论文化创意产业集聚区的内在规律和发展动力》,《上海财经大学学报》2007年第4期。

⑥ 向勇、陈娴颖:《文化产业园区理想模型与"曲江模式"分析》,《东岳论丛》2010年第12期。

二、根据依托资源划分的文化产业集聚模式

根据依托资源对文化产业模式进行的探讨和研究相对较少,相关学者对这一方面的研究大多强调了文化产业集聚对区域文化资源禀赋的依赖性。王晖(2010)以北京市文化产业集聚区为例,提出了文化趋同型集聚和区位因素型集聚两种文化产业集聚模式,并分析了相应特征。文化趋同型集聚一般源于共同的文化背景、价值观念等,因此企业成员间有强烈的归属感和互信度;区位因素型集聚源于特殊的地理区位,如靠近特殊的创意、消费群体或交易市场等,具有较强的资源依赖性,区域内标志性的资源是集聚区形成和发展的基础。[①] 朱蓉(2016)考察了浙江省文化产业园的集聚模式,提出了优势产业拓展集聚模式,这种文化产业集聚模式有以下几个特点:一是需要产业发展基础优势及一定的文化资源禀赋;二是企业之间的依存度较高;三是外部规模经济效应十分明显。[②]

三、根据产业间联系划分的文化产业集聚模式

根据产业间联系对文化产业集聚模式进行划分的研究包括两个方面的内容:一方面是对文化产业链集聚模式的探讨,另一方面强调文化产业集聚和地区经济之间的联系。

在第一个方面的研究中,相关学者分析了文化产业链集聚模式的核心、产业链的分类和构建。陈少峰(2011)探索了文化产业集聚园的产业构造和价值实现过程,提出了全产业链模式,指出其核心是完整地体现出产业目标定位中的产业链的主要要素,并以动漫产业为代表进行了分析。[③] 徐文燕和周佩

---

① 王晖:《北京市与纽约市文化创意产业集聚区比较研究》,《北京社会科学》2010 年第 6 期。
② 朱蓉:《浙江文化产业园集聚模式及提升路径》,《对外经贸实务》2016 年第 5 期。
③ 陈少峰:《文化产业集聚园的全产业链模式》,《文化产业导刊》2011 年第 8 期。

(2012)认为全产业链商业模式是文化产业园区最好的集聚发展模式,并将文化产业园区产业链区分为纵向产业链、横向产业链和整合产业链三种形态,这三种形态在文化产业集聚发展的过程中是并存的。① 万里洋等(2016)认为产业链集聚模式可以强化企业的风险模式和竞争优势。构建产业链集聚模式重点首先在于培养产业链主体;其次是构建产业链支持系统,加强主链和副链条的联系;再次,建立协调机制,突显合作优势。②

在第二个方面的研究中,学者们强调了文化产业集聚模式和地方经济、相关产业等因素之间的联系。顾江和昝胜锋(2009)比较分析了日本、韩国、新加坡三个亚洲国家的文化产业集群发展模式,指出文化产业集群模式的形成依赖于城市经济结构、制度背景、人才集聚和相关产业的发展等因素。③ 刘淑芳和杨志恒(2013)探讨了本土文化产业集群发展模式,认为建立文化产业与地区经济之间的相互依存关系对文化产业的集聚发展至关重要,建议采取贸易型和非贸易型相结合的发展模式,共同促进地区发展和繁荣。④

四、根据实现功能划分的文化产业集聚模式

基于要实现的功能对于文化产业集聚划分的代表性观点包括:汉斯·莫玛斯(Hans Mommaas)的七个尺度论和沃尔特·斯特格达(Walter Santagata)的功能四分法。汉斯·莫玛斯认为文化产业集集的类型划分有七个核心尺度,即集聚区内活动的横向组合及其协作和一体化水平;集聚区内文化功能的垂直组合——设计、生产、交换和消费活动具体的混合,以及与此相关的集聚

---

① 徐文燕、周佩:《文化产业园区的集聚效应与全产业链发展模式分析》,《南京财经大学学报》2012 年第 5 期。
② 万里洋、董会忠、吴朋等:《文化创意产业空间集聚及发展模式研究——以济南市为例》,《科技管理研究》2016 年第 7 期。
③ 顾江、昝胜锋:《亚洲国家文化产业集群发展模式比较研究》,《南京社会科学》2009 年第 6 期。
④ 刘淑芳、杨志恒:《本土文化产业集群发展模式分析》,《技术与创新管理》2013 年第 1 期。

区内融合水平;涉及集聚区管理的不同参与者的集聚区组织框架;金融制度和相关的公私部门的参与种类;空间和文化节目开放或封闭的程度;集聚区具体的发展途径;集聚区的位置。[①] 沃尔特·斯特格达从文化产业集聚区的功能角度将其分为四个类别:产业型、机构型、博物馆型、都市型。[②]

第三节　关于文化产业集聚机制的研究

国内外学者对文化产业集聚机制的研究较多,主要包括两个层面的内容:一类是对文化产业集聚的影响因素的探讨,另一类是对文化产业集聚运行机制的研究。

一、文化产业集聚的影响因素研究

学界关于文化产业集聚的影响因素的经典理论主要有韦伯的区位集聚理论、克鲁格曼的新经济地理学理论和波特的钻石模型等。国内外其他学者也通过定性或者定量的方法对文化产业集聚的驱动因素进行了大量研究。通过梳理相关文献可以发现,学者们对文化产业集聚影响因素的探讨大多集中在地理区位、要素禀赋因素、产业政策三种因素上。

在区位因素对文化产业集聚的影响上,大多学者都认为地理区位对文化产业集聚有重要驱动作用。马克斯·韦伯(Max Weber)最早提出工业区位理论,从区位角度对集聚经济的形成进行了分析。随后,亨德森(Henderson,1996)论证了地理位置在文化产业集聚形成过程中的作用。[③] 莫玛斯(2012)则利用纽约

---

① H. Mommaas, "Cultural Clusters and the Post-Industrial City: Towards the Remapping of Urban Cultural Policy", *Urban Studies*, Vol. 41, No. 3(2004), pp. 507-532.

② W.Santagata, "Cultural Districts, Property Rights and Sustainable Economic Growth", *International Journal of Urban and Regional Research*, Vol. 26, No. 1(2002), pp. 9-23.

③ J.V.Henderson, "Ways to Think About Urban Concentration: Neoclassical Urban Systems Versus the New Economic Geography", *International Regional Science Review*, Vol. 19, No. (1-2) (1996), pp. 421-425.

市新媒体产业相关数据,检验了区位因素对文化产业发展的重要作用。①

关于要素禀赋对文化产业集聚的影响研究,学者们主要关注了文化资源和人力资本两个要素。袁海(2011)指出文化产业离不开对文化资源的开发与利用,本地区文化资源越丰富,其发展文化产业的比较优势就越明显,空间集聚水平也就越高。② 孙智君和李响(2015)通过研究发现,人力资本对文化产业集聚水平有很大影响,其中高级人力资本对文化产业的发展有着显著正向作用,而低级人力资本则与之呈现不显著的负向关系,这说明文化产业的发展越来越依赖于高级劳动力,对人力资本的要求逐步提高。③

关于产业政策对文化产业集聚的影响研究大多通过构建相应模型进行定量分析,一般认为产业政策对文化产业集聚有正向促进作用,但不同学者得出的结论稍有不同。袁海(2010)通过建立相应模型研究了产业政策因素对文化产业集聚的影响,发现财政支持对文化产业集聚具有显著的正向影响,而金融发展对文化产业集聚的影响不显著。④ 张变玲(2016)在袁海研究的基础上,将以财政支出占国民生产总值的比重衡量的政府规模作为产业政策变量加入到模型中,发现政府规模对文化产业集聚发展有消极影响,即以政府规模衡量的市场管制力度不利于文化产业集聚的发展。⑤

二、文化产业集聚的运行机制研究

学界对文化产业集聚运行机制的研究主要集中在两个方面:一类是对文化产业集聚内生机制和外源动力的分析,另一类研究了信息技术、知识共享等

---

① H. Mommaas, "Cultural Clusters and the Post-Industrial City: Towards the Remapping of Urban Cultural Policy", *Urban Studies*, Vol. 41, No. 3(2004), pp. 507–532.

② 袁海:《中国文化产业区域差异的空间计量分析》,《统计与信息论坛》2011年第2期。

③ 孙智君、李响:《长江经济带文化产业集聚水平测度及影响因素研究》,《学习与实践》2015年第4期。

④ 袁海:《中国省域文化产业集聚影响因素实证分析》,《经济经纬》2010年第3期。

⑤ 张变玲:《文化产业集聚的影响因素研究——基于中国30个省市面板数据的实证分析》,《科技和产业》2016年第12期。

对文化产业集聚的作用。学者们对文化产业运行机制的研究大多通过建立模型的方法定量分析。

在第一类集聚机制的研究中,一部分学者以市场自发型文化产业为对象重点分析了文化产业集聚的内生机制。龚雪(2013)将自发型文化产业集聚分为初始选址期和和最终形成期。初始选址期的集聚具有偶发性,某一地区的所具有的环境和经济优势使得部分文化产业在此聚集。随后该区域逐渐产生经济协同、社会协同和知识协同效应,吸引更多文化创意企业的入驻,使得该区域最终扩张成文化产业集聚区。① 薛东前等(2015)利用西安市文化产业相关数据分析了市场导向型文化产业集聚,这类企业以消费者需求和市场变动为导向,在集聚过程中主要受到影响消费市场环境的因素如人口分布、购买能力、相关产业和交通的影响。这四个因素处于核心动力圈外层,分别从不同方面影响文化产业集聚,同时这些因素又相互促进从而自上而下地影响内层,不断提升区域的文化产业集聚水平。②

另一部分学者在肯定文化产业集聚内生机制重要性的同时,也对文化产业集聚的外源动力进行了说明,外源动力主要包括政府的资金支持、产业政策等。黄炜(2014)以武陵山片区民族文化产业为例,通过构建内生动力模型和相应评价指标,研究了文化产业集聚的动力机制,结果表明人才与市场需求是文化产业发展的内生动力源,同时政府的资金投入、产业政策等也对文化产业的发展起到了一定的促进作用。③ 晏雄(2015)以丽江市民族文化产业集群为例,分析了文化产业集聚的内在动力。他认为企业对集聚好处的追求自下而上地形成产业集群的内部力量,主要包括企业对规模经济效应的追求、企业的文化自觉意识以及一定区域内形成的品牌效应等。同时指出,政府的政策支

---

① 龚雪:《自发型创意产业集聚区形成机理研究》,《技术经济与管理研究》2013 年第 4 期。
② 薛东前、张志杰、郭晶等:《西安市文化产业集聚特征及机制分析》,《经济地理》2015 年第 5 期。
③ 黄炜:《武陵山片区民族文化产业发展的动力机制研究》,《湖北民族学院学报(哲学社会科学版)》2014 年第 6 期。

持和利益驱动是文化产业集聚发展的外在推动力。①

　　学者们对第二类集聚机制的研究比较少,现有研究主要是指出了互联网的发展、知识共享等对文化产业集聚的作用。雷宏振和谢卫军(2010)探讨了文化产业集群内组织间知识共享、网络外部性和产业集聚等变量之间的内在关系,结果说明文化产业集群内组织间知识共享通过网络外部性的中介作用对产业集聚有积极的促进作用,认为知识共享是文化产业集群内知识的最佳管理模式之一。② 任英华等(2015)通过研究不同权重矩阵下文化产业的集聚机制,得出信息技术会显著促进本地区文化产业空间集聚的结论。③ 解学芳和臧志彭(2018)认为文化产业上市公司的集聚度与互联网普及度和成熟度、经济发展水平等相关,文化上市公司的地理集群与互联网增长极是一致的,且形成了基于智力资源的演化机理。④

第四节　关于文化产业集聚影响的研究

　　目前,国内外学者有关文化产业集聚影响的研究主要集中在三个方面:一是文化产业集聚对经济增长的影响研究,二是文化产业集聚对城市发展的影响研究,三是对文化产业集聚的溢出效应研究。

一、文化产业集聚对经济增长的影响

　　关于文化产业集聚对经济增长的影响研究侧重点大同小异,主要包括两

---

　　① 晏雄:《丽江民族文化产业集群产生的动力机制研究》,《中国文化产业评论》2015 年第1 期。
　　② 雷宏振、谢卫军:《文化产业集群内知识共享与产业集聚关系研究》,《情报杂志》2010 年第6 期。
　　③ 任英华、沈凯娇、游万海:《不同空间权重矩阵下文化产业集聚机制和溢出效应——基于 2004—2011 年省际面板数据的实证》,《统计与信息论坛》2015 年第2 期。
　　④ 解学芳、臧志彭:《"互联网+"时代文化产业上市公司空间分布与集群机理研究》,《东南学术》2018 年第2 期。

个方面的内容:第一,文化产业集聚对区域经济增长的影响;第二,文化产业集聚对产业结构优化的影响。

学者们对于文化产业集聚对区域经济增长的影响研究分为两个角度:一种是单向研究文化产业集聚对区域经济增长的影响,另一种是对文化产业集聚与经济增长耦合效应的研究。第一种角度的研究大多采用通过建立模型进行定量研究的方法,所得结论都是文化产业集聚对地区经济增长有正向影响。斯科特(Scott,2004)对美国48个州的截面数据进行了实证研究,认为美国文化产业的发展通过影响企业的投资模式和消费结构,从而拉动了地区经济增长。① 刘立云和雷宏振(2012)结合ISM模型实证分析了文化产业集聚和区域经济增长的关系,文化产业的集聚有很强的产业关联效应与波及效应,尤其是影响力系数在几大产业里是最高的,不仅远远超过第一产业与第三产业,甚至还超过了第二产业,显示其对整体经济强大的拉动作用,能够有效地带动相关产业的发展。② 喻莎莎(2013)认为文化产业的集聚是拉升某一地区就业率,推动区域经济增长的有力方式,也可以带动相关产业的发展,形成产业组合、互补与合作的影响。③ 杨卫武和毛润泽(2015)通过构建计量模型,实证分析文化产业集聚对区域经济增长具有正向的促进作用,但其经济增长贡献率存在较大的地区差异,分析了这种地区差异的原因并提出相关政策建议。④ 赵星等(2016)利用中国139个大城市文化产业的相关数据研究了文化产业集聚对经济增长的影响,结果表明文化产业集聚显著地影响了经济增长,并指出

---

① A.J.Scott,"Cultural Products Industries and Urban Economic Development", *Urban Affairs Review*, Vol.39, No.4(2004), pp.461-490.

② 刘立云、雷宏振:《产业集群视角下的文化产业与区域经济增长》,《东岳论丛》2012年第3期。

③ 喻莎莎:《论文化产业集聚对我国区域经济发展的影响》,《商业时代》2013年第20期。

④ 杨卫武、毛润泽:《文化产业集聚、经济增长与地区差异——基于省级面板数据的回归分析》,《上海师范大学学报(哲学社会科学版)》2015年第4期。

与东西部相比,中部地区文化产业集聚对经济增长的促进作用最强。[1]

对于第二个角度即文化产业集聚和经济增长的耦合效应的研究,所得结论一般是两者之间存在着相互促进的作用。杨宇等(2014)研究了文化产业集聚水平和经济增长之间的关系,建立了工业总产值和文化集聚指数的计量模型,结果显示文化产业空间集聚 EG 指数与工业总产值呈现出高度正相关关系。[2] 颜洋明(2015)研究了文化产业集聚与经济增长的耦合关系,认为文化产业集聚与经济增长的耦合主要包括三个方面:文化产业集聚和城市经济发展方式的耦合;文化产业集聚和区域资源的耦合;文化产业集聚与城市经济系统政策制度的耦合。[3] 李强等(2016)基于物理学"容量耦合"概念的延伸,探讨了文化产业集聚与经济增长的耦合机理。产业集聚对区域经济发展有较强的促进作用,同时区域经济系统也会更有利于产业集群的发展,两者相辅相成。[4]

国内外学者对文化产业集聚对产业结构优化的影响研究比较少,一般认为前者对后者有较大的促进作用。冯子标和王建功(2007)认为,文化产业可以借助其提供的文化内容,通过渗透、转换、提升三大功能促进工业化转型,创造更多新价值。[5] 欧阳坚(2009)认为文化产业的发展可以吸引社会投资,创造和增加劳动力就业,尤其是脑力劳动者数量会迅速增加。[6] 蒋(Chang,2009)认为文化产业集聚的发展能促进中国从制造型经济向以创新为主的文

---

① 赵星、郭宝、祁宇婷:《文化产业集聚对经济增长的效应研究——基于我国 139 个大城市的实证》,《商业经济研究》2016 年第 24 期。

② 杨宇、王子龙、许箫迪:《文化产业集聚水平测度的实证研究》,《华东经济管理》2014 年第 2 期。

③ 颜洋明:《文化产业集聚与城市经济增长的关系研究》,《商场现代化》2015 年第 27 期。

④ 李强、李皖玲、张飞霞:《我国文化产业集聚效应与区域经济耦合发展研究》,《生产力研究》2016 年第 2 期。

⑤ 冯子标、王建功:《文化产业兴起与我国工业化转型》,《经济学动态》2007 年第 11 期。

⑥ 欧阳坚:《加快文化产业发展的机遇正在到来》,《人民日报》2009 年 3 月 13 日。

化产业经济的经济增长方式的转变,为经济增长注入更多的创新动力。① 蒋三庚和王莉娜(2017)运用实证方法研究了北京文化产业对第三产业和自身的影响,结论是文化产业集聚水平的提升有利于经济增长,尤其是会提高第三产业占 GDP 的比重,同时会增加文化产业自身产值。文化产业产值的增加也在一定程度上反映了产业结构向第三产业的调整。②

二、文化产业集聚对城市发展的影响研究

关于文化产业集聚对城市发展的影响研究一般侧重于两个角度:一是单向考察文化产业集聚对城市发展的影响;二是对两者之间耦合效应的探讨。

学者们对于文化产业集聚对城市发展单向影响的研究大同小异,一般认为前者对后者有正向影响,但也有学者持相反观点。汉斯·莫玛斯以荷兰的文化产业集聚现象为研究对象,研究得出文化产业园区对城市发展的影响表现在以下几点:促进了文化和艺术向商业化的转变;增强了城市的创新能力和吸引力;充分利用了老旧城区及其中的建筑;推动了文化向多样化和民主化的方向发展。③ 花建(2012)认为文化产业集聚可以通过文化功能、传承创新、产业集群、科研院校、文化价值几个方面推动新型城市化的建设。④ 王克婴和张翔(2012)通过研究发现文化产业在国际创意大都市中心城区的集聚改变了中心城区的功能、改变了过去单中心的城市形态而构建了多中心的城市形态,并带来了国际创意大都市人口、土地及就业密度的变化。⑤ 厉无畏(2013)认

---

① S.CHANG,"Great expectations:China's Cultural Industry and Case Study of a Government-sponsored Creative Cluster",*Creative Industries Journal*,Vol. 1,No. 3(2009),pp. 263-273.

② 蒋三庚、王莉娜:《北京市文化创意产业集聚效应研究》,《经济研究参考》2017 年第 45 期。

③ H. Mommaas," Cultural Clusters and the Post-Industrial City:Towards the Remapping of Urban Cultural Policy",*Urban Studies*,Vol. 41,No. 3(2004),pp. 507-532.

④ 花建:《文化产业集聚发展对新型城市化的贡献》,《上海财经大学学报》2012 年第 2 期。

⑤ 王克婴、张翔:《文化产业集聚对国际创意大都市空间结构重构的影响》,《城市发展研究》2012 年第 12 期。

为文化创意产业的发展可以加快城市的创新驱动和转型发展,有助于推进文化强国建设,并借鉴国外经验提出了相应的建议。[1] 然而,也有学者提出相反的观点,认为文化产业集聚不利于城市发展。如丹尼斯-雅克布(Dennis-Jacob,2014)对加拿大109个小城市的文化生产者的区位进行调查研究,通过实证分析发现小城市的自然环境和低成本使得文化产业呈现反城市化的现象。[2]

关于文化产业集聚和城市发展耦合效应的研究,学者们的分析方法以定性分析为主,定量分析较少。陈倩倩和王缉慈(2005)以音乐产业为例,探讨了创意产业与城市发展的关系,认为文化产业活动是城市活力的来源与城市发展的新增长点,同时城市也可以为文化产业集聚的发展提供良好的外部条件。[3] 周金莲等(2010)以长沙为例,定性研究了文化产业发展与城市空间的互动作用。一方面,文化产业的发展推动了城市空间的优化升级;另一方面,城市空间的优化促进了文化产业的发展。[4] 姜照君(2015)通过构建耦合度模型,利用相关面板数据对文化产业集聚和经济增长的耦合度进行了定量分析,分析结果发现两者之间耦合度存在地区差异,且这种耦合关系具有一定的脆弱性,文化产业集聚的发展落后于城市化的发展。[5]

三、文化产业集聚的溢出效应研究

目前,学界关于文化产业集聚溢出效应的研究并不多,现有文献一般采用

---

[1]　厉无畏:《文化创意产业推进城市实现创新驱动和转型发展》,《福建论坛(人文社会科学版)》2013年第2期。

[2]　J.Dennis-Jacob, "Cultural industries in small-sized Canadian cities: dream or reality?", *Urban Studies*, Vol. 49, No. 1(2014), pp. 97–114.

[3]　陈倩倩、王缉慈:《论创意产业及其集群的发展环境——以音乐产业为例》,《地域研究与开发》2005年第5期。

[4]　周金莲、朱忠东、龚迪嘉:《长沙文化产业与城市空间的互动发展研究》,见中国城市规划学会编:《规划创新:2010中国城市规划年会论文集》,重庆出版社2010年版,第1043—1052页。

[5]　姜照君:《文化产业集聚与城市化耦合的时空分异研究——来自三大经济区37个城市的数据》,《南京航空航天大学学报(社会科学版)》2015年第4期。

实证分析方法从以下两个角度进行研究:其一是对文化产业集聚溢出效应存在性的证明,其二是对文化产业集聚溢出效应的作用的探讨。

关于文化产业集聚溢出效应第一个角度的研究大多利用产业集聚的测度指标,结合相关数据定量分析。高君慧与莫健伟(Kwan-wai Ko 和 Kin Wai Patrick Mok,2014)把历史文化资源、人力资本和创意阶层理论融入地方化经济和城市化经济的分析框架,以区位商为衡量指标,指出中国文化产业的集聚能够产生正向的空间溢出效应和暂时溢出效应。[①] 杨宇等(2014)通过计算2006—2011 年中国 28 个区域的 Moran's I 指数研究了中国文化产业的集聚模式,认为中国文化产业存在很强的空间依赖性和空间溢出效应。[②] 刘振卫(2018)运用空间杜宾模型,对中美两国的文化产业集聚的溢出进行了比较分析,发现中国的文化产业集聚水平与美国相比存在一定程度的差距。[③]

关于文化产业集聚溢出效应第二个角度的研究也同样采用实证分析的方法,借助相关指标以探讨文化产业集聚溢出效应的作用和机制。袁海(2011)通过研究发现,具有相似资源禀赋、集聚经济与产业政策的邻近地区文化产业发展具有空间溢出效应,这会带动本地文化产业的发展,缩小文化产业发展的区域差异。[④] 黄永兴和徐鹏(2011)通过构建空间模型市政分析出中国文化产业集聚存在正的溢出效应,说明本地区文化产业集聚水平受到相邻区域的影响。认为各地区要充分发挥空间溢出效应,避免资源浪费。[⑤] 孙智君和李响(2015)采用基于文化产业从业人数、产业增加值和法人单位数量的综合区位商指标研究了 1996 年和 2012 年 31 省市文化产业的集聚水平,采用两区制空

① Kwan Wai Ko, Kin Wai Patrick Mok, "Clustering of Cultural Industries in Chinese Cities", *Economics of Transition*, Vol. 22, No. 2(2014), pp. 365–395.

② 杨宇、王子龙、许箫迪:《文化产业集聚的空间经济模型与实证检验》,《经济问题探究》2014 年第 7 期。

③ 刘振卫:《中美两国文化产业集聚与溢出效应检验》,《统计与决策》2018 年第 19 期。

④ 袁海:《中国文化产业区域差异的空间计量分析》,《统计与信息论坛》2011 年第 2 期。

⑤ 黄永兴、徐鹏:《经济地理、新经济地理、产业政策与文化产业集聚:基于省级空间面板模型的分析》,《经济经纬》2011 年第 6 期。

间模型分析了文化产业的溢出效应,认为文化产业空间溢出效应有助于实现区域之间文化产业的协同发展。① 魏和清和李颖(2016)基于空间滞后模型,研究了相关因素对文化产业空间溢出效应的影响,并认为区域之间存在明显的正溢出效应,可以有效缩小文化产业的区域差异。② 张贺(2017)通过分析知识溢出的类型和机制,得出中国文化产业集聚知识溢出以产业间的 MAR 溢出为主,依靠人员流动、集聚区内部非正式交流进行知识传播,并指出文化产业集聚区内各创意主体之间的关系和知识溢出的路径对于中国现阶段产业结构升级转型具有重要意义。③

本章小结

当今世界,文化产业作为提高国家软实力的手段愈来愈受到关注,而文化产业集聚作为文化产业发展的一个重要内容也同样为学界所重视。目前,国内外学者对文化产业集聚水平的研究众多,主要包括文化产业集聚概念、集聚模式、集聚机制、集聚影响四个方面。国内外学者对于前两个方面的研究大多是定性分析,对于后两个方面的研究主要以建立模型的实证分析为主。然而,学者们关于文化产业集聚的研究尚存许多不足之处:首先,关于文化产业和文化产业集聚的内涵尚没有统一的定义。其次,现有文献大多是通过测算各项集聚指标来研究文化产业集聚现象,由于文化产业边界的不确定性,以及数据选择的不同,分析结果也不尽相同。此外,现有的研究主要集中在发达国家或经济发达的地区如北京、上海等,所得结果不具有普适性。且现有文化产业集聚的研究主要借鉴产业集聚理论的分析框架,缺乏进一步的探索和深化。

① 孙智君、李响:《文化产业集聚的空间溢出效应与收敛形态实证研究》,《中国软科学》2015 年第 8 期。

② 魏和清、李颖:《我国文化产业聚集特征及溢出效应的空间计量分析》,《江西财经大学学报》2016 年第 6 期。

③ 张贺:《文化创意产业集聚的知识溢出效应分析》,《商业经济》2017 年第 8 期。

这些研究从不同侧面反映了中国文化产业的集聚情况,为文化产业政策制定提供了一定的参考,同时为其他学者的研究提供了思路和借鉴。政策制定者可以根据不同地区的文化产业集聚情况"因地制宜",制定相应政策以谋求文化产业和经济社会的更好发展;其他研究者可以在现有研究的基础上进一步深化和探讨,以丰富现有文化产业集聚理论。

第二章 文化产业集聚模式的分类

第一节 文化产业集聚模式的分类基础

一、文化产业集聚模式分类原因

文化产业的集聚发展可以通过规模效益和产业集群之间的竞争优势,形成区域自身的特色和品牌,进而吸引更多的文化企业、文化人才进入此区域,以此孕育出良好的公共文化环境和文化氛围,加速集聚效应的发挥,达到推动区域文化产业发展壮大的目的。

然而,纵观世界各地的文化产业集聚区,它们在资源禀赋、市场需求、制度、环境以及文化等方面均存在着差异,而这些因素又是文化产业赖以生存和发展的基础,因而它们的集聚模式不尽相同。

对不同文化产业的集聚模式进行划分既有利于从不同的视角对不同集聚模式的形成机理进行研究,又有利于为新兴文化产业集聚区依据自身特点选择适合自己发展的集聚模式提供参考。

二、文化产业集聚模式分类依据

通过对国内外不同文化产业集聚区进行研究和归纳总结,文化产业集聚模式大致可分为以下三大类:第一,按照形成主体划分的文化产业集聚模式;第二,按照依托资源划分的文化产业集聚模式;第三,按照产业联系划分的文化产业集聚模式。文化产业集聚模式的分类依据为集聚的主导力量、资源以及产业间联系。若文化产业集聚的主导力量为政府、市场等,则此类文化产业集聚模式是按照形成主体划分的模式。若文化产业集聚的形成依赖区域资源,则此类文化产业集聚模式是按照依托资源划分的模式。若文化产业集聚以产业价值链为核心,或者强调不同业态的融合发展,则此类文化产业集聚模式是按照产业联系划分的模式。

第二节　按照形成主体划分的文化产业集聚模式

根据集聚主导力量的不同,可以将文化产业的集聚模式划分为市场主导型、政府主导型、政府—市场型以及官产学研结合型等四种。具体如表 2-1 所示。

表 2-1　按照形成主体划分的文化产业集聚模式的类型

分类基础	类型
集聚主导力量	市场主导型
	政府主导型
	政府—市场型
	官产学研结合型

一、市场主导型

市场主导型的文化产业集聚模式是以追求自身利润最大化为目标的文化创意企业在市场经济规律和市场需求状况的指引下,出于规模经济和知识外溢效应的考虑而与其他文化产业在一定区域范围内形成的具有竞争力的产业集聚区。这类集聚区是企业和人员自发流动而形成的,具有某种程度上的无序性,因而需要政府部门对集聚区内的市场秩序进行维护,并对文化创意企业进行引导,实现集聚区的平稳有序发展。

这种集聚模式形成的内在机理是在市场、文化、历史等软环境和基础设施、科研院所、城市化水平等硬环境的作用下,形成对文化产业的市场需求,技术人才在市场需求的驱动下选择到某地创业。在初期,由于发展前景不明确,一般很难获得政策支持,只能根据市场经济规律自由发展。而未进入该集聚区的文化创意企业,基于共用基础设施、减少交易成本的目的或被已有企业的品牌和规模效应所吸引而选择进入该集聚区,与原有文化创意企业以比较完整的产业链为链接,彼此相互分工并协作。之后,随着文化产业对地方的推动作用日益明显,政府会扮演服务者的角色,加强软、硬环境建设,致力于公共服务、知识产权执法的完善,出台相应的文化产业政策来支持文化产业发展。市场主导型的文化产业集聚模式形成的内在机理详见图2-1。

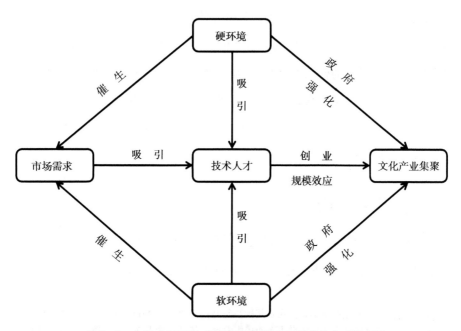

图2-1　市场主导型的文化产业集聚模式形成的内在机理

美国的文化产业集聚是市场主导型集聚模式的代表。美国拥有 2300 多家日报、8000 多家周报、1.22 万种杂志、1965 家电台和 1440 家电视台。① 美国拥有美国广播公司、哥伦比亚广播公司、全国广播公司这三大广播电视巨头，它们发布的信息量是世界其他各国发布的总信息量的 100 倍，是不结盟国家集团发布信息量的 1000 倍。② 美国还拥有全世界最具影响力的电影生产基地好莱坞。虽然好莱坞的电影产量只占全球电影产量的 6.7%，但放映时间却占据全球总放映时间的一半以上。③ 2018 年美国的文化产业增加值占国内生产总值的比重已增加到 30% 左右，远超于世界其他国家。

再以河南省南阳市镇平县石佛寺镇玉雕产业为例。玉雕产业进入门槛较低、市场依赖性很强，所以石佛寺玉雕产业集聚模式也是典型的市场主导型集聚模式。该集群以 6000 年的传统玉文化为依托，通过自身拥有的丰富原石资源、技术人员等条件，形成了集原材料市场、生产加工、销售市场等于一体的产业链条。具体来说，玉雕产品以玉文化为依托发展，而玉文化又以玉石为载体。从事玉雕生产的技术人员通过将玉石加工，可形成半成品市场和产成品市场。在市场条件的作用下，由于玉雕产业市场的信息不对称性，使得在原材料供应、生产加工、销售各环节之间形成一定关联性，从而使玉雕产业集聚。此外，政府部门、金融部门等相关职能部门的加入，使玉雕市场逐渐形成功能完善、产业结构相对合理的集聚区。

二、政府主导型

政府主导型的文化产业集聚模式是政府根据区域经济发展需要，以产业发展规律为指导，为促进当地产业结构的优化和高度化，而制定优惠的税收政

① 何勇军：《文化产业集聚模式及其机制研究》，天津大学 2013 年博士学位论文。
② 李伍峰：《经济全球化对世界新闻传媒发展趋势的影响及对策》，《理论学习》2005 年第 7 期。
③ 周笑：《电影娱乐内容产品的增值管理》，复旦大学 2004 年博士学位论文。

策、培养文化创意人才、营造文化产业发展环境、完善基础设施等,以此来吸引文化创意企业在规划的区域内集聚。该模式的突出特点在于政府在集聚区的形成和发展过程中起着十分重要的作用。在集聚区的形成过程中,政府是规划者和引导者,致力于集聚区属地的规划和文化产业发展方向的引导。在集聚区的发展过程中,政府是支持者和管理者,致力于为集聚区的发展提供政策、资金、智力支持和对文化创意市场进行管理。也就是说,这类集聚模式下的文化创意企业处于发展的初步阶段,需要政府提供人力、物力、财力方面的支持,对政府的依赖性较强。这种类型的集聚模式形成的内在机理,详见图2-2。

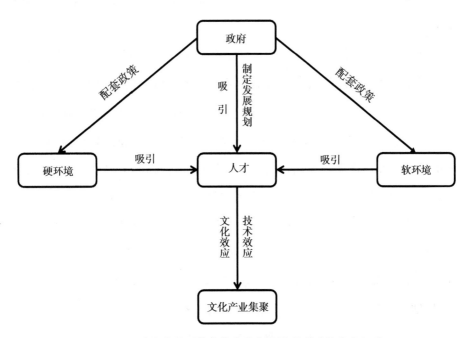

图2-2 政府主导型的文化产业集聚模式形成的内在机理

从图2-2可知,政府根据区域经济发展的实际制定出文化产业的发展规划,之后辅以配套的政策。比如,建立资金支持体系,为文化产业的发展提供资金支持;成立专门的政府部门来对文化产业进行监督和管理。在此情况下,能够吸引文化创意人才到该产业区发展文化产业。一旦产业区规模初现,集聚效应便得以呈现,产业区的发展就会进入良性循环。① 文化创意人才将大量入驻文化产业园区,同时,初始的文化产业园区发展规划合理性也能够得到检验。随着文化产业园区的进一步发展,文化效应和技术效应将相互作用。文化创意人才的不断增多,会促使产业区的文化类型由原来的单一文化演化为多元文化,文化集聚效应增强。而文化创意人才的不断增加会更加有利于推动文化产业创新性成果的不断涌现,而这又会进一步吸引文化创意人才的加入,文化创意人才与创新性成果的交相促进会扩张文化集聚效应。在此情况下,政府主导型的文化产业集聚模式得以形成。这种集聚模式有利于文化产业后发优势的发挥,是新兴文化产业集聚区最常用的集聚模式。

以谢菲尔德文化区为例。谢菲尔德文化区是政府主导型集聚模式的代表。谢菲尔德曾经是英国的第五大钢铁城市②,但随着钢铁业发展的不景气,大批工厂倒闭,大量的工人失业。工厂、居民甚至一些政府机构纷纷搬迁,整个地区房屋的闲置率居高不下。在这种情况下,政府亟须寻找新的经济增长点。如何推动产业结构优化,是当时政府面临的主要难题。最后,政府把这片衰败地区规划为文化产业区,投资约3500万英镑的资金,用于为文化从业人员提供音乐制作所需的相关设施,例如建设录音设备、影视工作室及展览场地等。并且,根据文化产业不同阶段的发展特征,配套出台了多样化的政策,如初期提供便利低廉的音乐设施,中期鼓励休闲娱乐行业的发展,后期通过鼓励互联网、软件、新媒体等高科技产业的发展提高区域的综合竞争力,以此吸引从事电影、音乐、电视、新媒体、表演等的文化人才入驻。这促使人类联盟合唱团、17号天堂等新潮乐队的诞生,并构建了较为完整的音乐产业链。

---

① 张望:《中国文化创意产业发展模式研究》,南京大学2011年博士学位论文。
② 张望:《中国文化创意产业发展模式研究》,南京大学2011年博士学位论文。

三、政府—市场型

政府—市场型是一种介于市场主导型和政府主导型之间的集聚模式,文化创意企业主动向政府基础建设比较完善和文化创意氛围比较浓厚的区域转移,并形成集聚区。该集聚模式下的文化创意企业已具备了一定的发展基础,但仍需要政府在产业发展策略、知识产权的维护以及公共服务方面提供指导和支持。

政府—市场型与市场主导型集聚模式的差别在于:在政府—市场型模式下的政府主动完善基础设施,以促进文化产业集聚区的形成,而市场主导型模式下的政府在文化产业集聚区形成以后再为其提供指导。政府—市场型与政府主导型集聚模式的差别在于:政府—市场型模式下的政府扮演的是指导者和服务者的角色,而政府主导型模式下的政府的角色是规划者和管理者。市场主导型、政府主导型和政府—市场型三种集聚模式的主要区别见表2-2。

表2-2　三种文化产业集聚模式的区别

集聚类型	政府行为	政府角色
政府—市场型	主动促进	指导者、服务者
市场主导型	被动指导	指导者、服务者
政府主导型	主动规划	规划者、管理者

四、官产学研结合型

"该集聚模式是指由政府牵头,依托大学和科研院所的人才与技术优势,以促进科技成果产业化为目的,而形成的功能齐全、产业链完整、竞争优势明显的创意产业集聚区。"[①]该模式下的文化创意企业往往是已经发展成熟的企业,能在发展进程中与利益相关者达成良好的利益协调机制,这也是官产学研

---

① 付永萍、王立新:《创意产业集聚区演化路径及发展模式研究》,《科技进步与对策》2012年第19期。

结合的前提和基础。这种集聚模式将政府、企业、高校、研究机构的资源进行有机的整合配置,最大限度地发挥政府的指导和服务职能、文化创意企业的生产能力以及高校和科研机构的研究与创新能力。这种集聚模式以澳大利亚的昆士兰创意产业社区为代表。

昆士兰创意产业社区是全球第一个以"创意社区"理念打造的新都市主义社区,它是由昆士兰科技大学、政府、产业界等不同群体打造出的一个都市村庄,集住房、商业、购物和大学于一体,成立的主要目的是发展昆士兰创意产业园。昆士兰创意产业园内有剧院、"艺术之州"教学区、动画和设计实验室、排练和表演场、文化创意企业以及澳大利亚研究委员会创意产业与创新研究中心等。其中,昆士兰科技大学成立的创意产业学院、创意产业与创新研究院、健康与生物医学创新研究院等也是昆士兰创意产业园的重要组成部分。社区、园区、校区的联动融合发展,可将文化创意人才教育、创意产业集聚、文化创意企业孵化、创意成果转换、文化生产与消费等功能,通过合理布局和协作机制有效地融为一体①,具体如图2-3所示。

第三节 按照依托资源划分的文化产业集聚模式

若文化产业集聚的形成依赖区域资源,则此类文化产业集聚模式为按照依托资源划分的模式。其中,从集聚区依赖的核心资源角度,可以将文化产业的集聚模式划分为:以人力资本为核心的集聚模式、以政府资源为核心的集聚模式、以市场资源为核心的集聚模式、以企业资源为核心的集聚模式和以城市为核心的集聚模式等五种。而从集聚区利用资源的情况,可以将文化产业的集聚模式划分为:资源聚集自发形成模式、依托原有资源提升模式和原有资源改造利用模式等三种。具体如表2-3所示。

---

① 郭梅君:《昆士兰模式:澳大利亚创意产业发展研究之一》,《文化产业研究》2013年第1期。

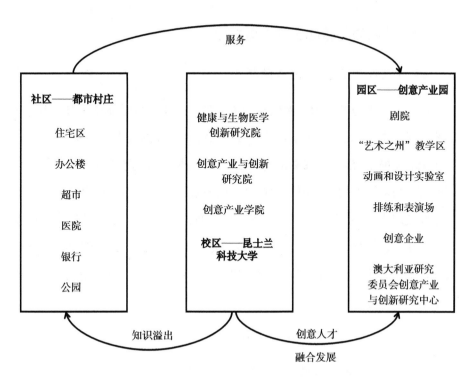

图 2-3　社区、园区、校区的联动融合发展机制

表 2-3　按照依托资源划分的文化产业集聚模式的类型

分类基础		类型
依赖的 区域资源	从依赖的核心资源角度	以人力资本为核心模式
		以政府资源为核心模式
		以市场资源为核心模式
		以企业资源为核心模式
		以城市为核心模式
	从利用资源的情况角度	资源聚集自发形成模式
		依托原有资源提升模式
		原有资源改造利用模式

一、从依赖的核心资源角度划分

（一）以人力资本为核心的模式

以人力资本为核心的集聚模式是指经济和非经济因素导致人力资本向特定的空间集聚,由此形成一系列独立自主又相互依赖的人力资本要素,在信息与知识的碰撞下,推动区域文化产业发展的一种模式。此种模式形成的主要原因是任何产业的发展归根结底都是人的发展,文化产业也不例外。因而,在其集聚发展进程中,要树立以人为本的发展理念。文化产业与其他产业的不同之处在于,其对创新意识较好和创新能力较高的综合性人才的依赖性更强,人力资本是其集聚发展的核心要素。以人力资本为核心的集聚模式的形成机理如图2-4所示。

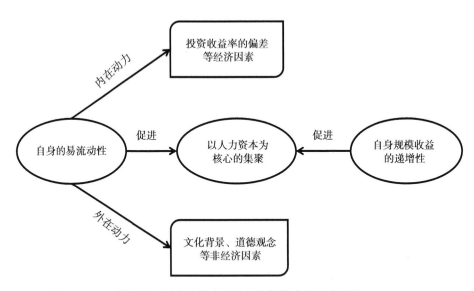

图2-4 以人力资本为核心集聚模式的形成机理

从图2-4中可知,以人力资本为核心的集聚模式的形成原因主要来源于两个方面:一方面是人力资本自身的易流动性特点;另一方面是人力资本规模收益的递增性。人力资本的易流动性特点是由很多因素决定的,但归纳起来看,主要是由经济和非经济两大因素决定的。首先,人力资本的载体是人,而作为投资主体的人进行投资的主要目的是实现收益最大化。但不同地区先天条件、政策支持力度等均不同,这会导致人力资本的收益差别较大。为了实现收益最大化的目的,人力资本会自动流向收益较高的地区。这就是投资收益的偏差性,它是人力资本流动的内在动力。其次,作为人力资本载体的人还具有社会属性,会受到文化背景、道德观念、生活习惯等非经济因素的影响。为了追求社会生活的舒适性与匹配性,人力资本会在这些非经济因素的诱导下实现跨区域流动。

通常,在技术水平保持不变的前提下,生产要素具有规模报酬递减的规律。而跟其他生产要素相比,人力资本是一种比较特殊的生产要素,它具有规模收益递增的特点。这主要是因为人力资本的增加会促使生产质量提高和技术进步,这又会促进边际收益率的提高。人力资本规模收益的递增性促使人力资本规模不断扩大,最终形成人力资本的空间集聚。当人力资本规模过小时,投资较分散,单位成本高,投资收益率低。而当人力资本的规模达到一定程度时,知识溢出效应、扩散效应得到有效发挥,规模效益得到加强,投资收益率会持续增长。因此,人力资本规模收益的递增性是导致以人力资本为核心的集聚模式形成的原因之一。

(二)以政府资源为核心的模式

文化产业的集聚不仅需要文化创意企业提供资金资源,文化创意人才提供知识资源,社会提供文化资源,而且需要政府资源的参与。此类集聚模式下的政府在文化产业的发展进程中扮演多重角色:作为引导者,要引导文化产业向着规划的方向发展;作为推动者,要为文化产业的发展营造良好的发展环境;作为服务者,要为文化产业的发展提供必要的知识产权保护和资金支持;作为协调者,既要协调好文化产业与其他产业之间的平衡发展,又要协调好集聚区内各企业之间的竞争与合作;作为监督者,要对文化创意企业的违法违规行为进行纠正和制裁;作为管理者,要努力维护好文化产业健康有序发展。因此,以政府资源为核心的集聚模式就是上文中按照形成主体划分的政府主导型集聚模式。之所以叫法不一,主要是看待问题的角度不同。

(三)以市场资源为核心的模式

文化产业生产的产品最终都需要投向市场,供消费者消费。因此,创意的源泉应该来自市场中的消费者。而不同的消费者在产品的包装、功效、用途等方面有着不同的需求和偏好,要满足消费者的多样化需求,文化产业就要深入市场,了解消费者的需求状况和偏好情况。随着社会生产力水平的大幅提升,人们的物质需求得到了极大满足,越来越多的人们开始寻求更多的精神消费。此类集聚模式下的文化创意企业要获得持续的发展,就要立足于市场和消费者,在产品的设计中增加更多的精神元素,以满足消费者日益增加的精神消费需求。因此,以市场资源为核心的集聚模式就是上文中按照形成主体划分的市场主导型集聚模式。

(四)以企业资源为核心的模式

文化产业集聚的关键主体为文化创意企业,这是以企业资源为核心的集聚模式形成的主要原因。文化创意企业要想在众多同类型企业中脱颖而出,就要不断完善企业内部治理结构,加强对文化创意人才的培养和管理,提升自身研发能力、开发出与其他企业不同的产品,拓宽企业发展所需资金的来源渠道,建立专属于自己的产品销售网络,丰富创意向现实生产力的转化方式,利用集聚区的知识外溢效应改善自己的生产工艺,利用集聚区的规模效应提高自身竞争力,综合利用集聚区和自身拥有的资源努力将自己打造成集聚区内的龙头企业。

以企业资源为核心的集聚模式需要政府、市场和文化创意企业的相互配合。其中,政府为配合者,可为市场和文化创意企业提供良好的发展环境和政策支持;市场为"守夜人",通过创意产品价格变化来反馈产品的需求情况;文化创意企业为集聚主体,需不断增强创新能力。在三方的协调配合下,不断发挥资源集约化的优势,推动文化产业的发展。[①]

（五）以城市为核心的模式

城市是文化产业集聚的空间归属,城市的发展状况影响着文化产业的发展。城市的规划布局影响着文化产业集聚的地域空间。通常来说,文化产业的布局会远离城市的工业带。城市的开放程度影响着文化产业的发展氛围。较高的开放程度有利于外来思想的传播和发展,为文化产业的发展奠定良好的思想基础。城市的文化底蕴影响着文化产业的发展空间。城市文化底蕴越深厚,文化产业的发展空间越广阔。城市的消费水平和消费结构影响着文化产业的发展潜力。居民消费水平较高且精神文化消费在消费中所占比重较大,则表明文化产业的市场前景较好,拥有较大的发展潜力。城市的知名度影响着文化创意人才的聚集。具有较高声誉的城市往往是人才的集中地,因为它可以提供更优质的生活、学习环境和开放的文化价值观,在潜移默化中提高个人的文化修养和知识底蕴。城市地租高低影响着文化产业的后续发展。一些基于低廉地租而形成的文化产业集聚区,由于地租的快速上升而逐渐没落。城市的价值观念影响着文化产业的发展环境。开放包容的价值观念有利于多样性思维的形成,而多样性思维恰恰是点燃创意之火的火苗。城市的经济发展水平不仅决定着该城市是否适合发展文化产业,而且决定着文化产业的发展程度。一般说来,城市经济发展水平越高,城市的经济基础越雄厚,其在资金、技术、人才、市场等方面能给予文化产业的支持也就越大,对文化产业的发展也就越有利,文化产业发展水平也将不断提升。

[①]　刘冰峰:《文化创意产业集聚模式的探索与构建》,《商业时代》2013年第20期。

二、从利用资源的情况角度划分

(一)资源聚集自发形成模式

资源聚集自发形成模式是文化企业或者人员基于对某一地区创意环境的认同,而自发地向该地区转移,政府则在集聚区发展到一定程度时介入,承担起相应职责,对文化产业集聚加以引导培育。① 当转移的企业和人员达到一定数量时,该地区的集聚效应随之形成。这类集聚区的形成是以下三个因素共同作用的结果:第一,良好的创意发展环境,包括开放包容的思想氛围、拥有一定的文化资源等,这是集聚区形成的必要条件。第二,旺盛的人气。通过人们的口口相传宣传集聚区的特色,提高集聚区的知名度,进而吸引更多的文化企业和人才向该地区集中,实现集聚规模的扩大,这是集聚规模扩展的助推器。第三,低廉的集聚成本。对于刚刚成立的文化企业和还未成名的文化创意人才来说,他们的日子相对比较"清贫",较高的集聚成本会使他们望而却步,这是决定集聚区吸引力强弱的重要影响因素。

英国文化产业集聚的形成是资源聚集自发形成模式的典型。首先,深厚的文化艺术气息是英国文化产业集聚的基础,从乔安妮·凯瑟琳·罗琳的魔法世界,到柯南道尔和阿加莎·克里斯蒂的推理王国,到 BBC、英国国家美术馆等著名公共文化机构,再到剑桥大学、牛津大学等世界名校,无不是吸引文化人才的筹码。其次,英伦建筑、厂房为文化产业集聚提供了载体,从旧时的撒克逊式建筑到近代的都铎式建筑,从独特的哥特式建筑到厚重的红砖建筑,均成为文化产业集聚窥视历史演绎的史册。最后,为促进文化产业集聚的形成,英国政府制定了一系列生产、营销与金融政策,创造了宽松的文化氛围,提供了良好的发展环境。

北京宋庄文化产业集聚区也属于资源聚集自发形成模式。首先,宋庄环

---

① 何勇军:《文化产业集聚模式及其机制研究》,天津大学 2013 年博士学位论文。

境优美,四条河流纵穿整个镇域,地势开阔,民风淳朴,这为艺术家的创作活动营造了良好的艺术氛围。其次,宋庄历史悠久,文化底蕴丰厚,吸引了众多高校在此办学。加拿大菲莎河谷大学、纽宾士域省大学、圣约翰社区学院等名校,也在这里开设了特色课程班。① 再次,这里通过举办艺术节、画展等方式吸引了大批艺术人才的关注。最后,宋庄的房租价格低,这是吸引清贫艺术家的重要因素。政府为此制定了一系列规划与政策。比如,密切关注低收入群租人群的生活状态,细化对艺术展览活动的指导与监管等。②

(二)依托原有资源提升模式

依托原有资源提升模式是创意主体在已经具备发展文化产业条件的地区,通过在当地原有资源中加入新的要素或者将原有资源向其他产业领域拓展而形成的。它提升了原有资源的利用效率,创造了新的价值,打造了新的产业链,改变了原有的创意形式。该集聚模式的一个基本特征是,集聚区内原本就存在一些具有代表性的资源,文化创意企业依托这些资源,努力向与之相关的、具有较深发展潜力的新的产业渗透,转变原有文化产业的创意形式,改造提升原有文化产业,培育新的主导产业,以带动整个文化产业集聚区的发展。

以开封市朱仙镇为例。朱仙镇历史悠久、文化底蕴深厚。文明肇兴于新石器时代,在春秋战国时期形成居民聚集点,唐宋时期兴起,明清时期达到鼎盛,成为"中国四大名镇"之一。遗留的文物古迹丰富,有启封故城遗址、大石桥、朱仙镇古战场、岳飞点将台等。木版年画因具有较高的艺术价值、美学价值、收藏价值和历史研究价值,于 2006 年入选第一批国家级非物质文化遗产名录。朱仙镇的其他地域文化,如得胜鼓③也极具历史厚重感。在此背景下,

---

① 赵唤:《中国宋庄画家村文化产业发展模式之探讨》,武汉工程大学 2013 年硕士学位论文。

② 黄琳娜:《北京宋庄文化创意产业集聚区》,2020 年 7 月 22 日,见 http://www.bjtzh.gov.cn/bjtz/fzx/202007/1308583.shtml。

③ 起源于东汉末年,成谱于南宋时期。

依托朱仙镇的历史文化资源,开封市政府投资开发朱仙镇国家文化生态旅游示范区。该项目具有 8 个功能区,分别为古镇风情展示区、环湖风景游览区、温泉休闲度假区、古战场文化体验区、生态农家体验区、文化创意养生区、生态湿地体验区和生态林地观光区。该项目的启动不仅有利于带动朱仙镇文化与旅游产业,也有利于加快千古名镇的复兴步伐。

(三)原有资源改造利用模式

原有资源改造利用模式是文化创意企业在对原有资源进行改造和修整后,直接将其作为创意的场所而形成的。这种模式具有两个突出的特点:第一,该模式是在原有资源的基础上,对其进行简单的改造,因而集聚成本比较低廉;第二,该模式没有在原有资源中加入任何新的创意元素,没有改变原有资源的利用形式,因而集聚速度比较迅速。这种集聚模式与上述依托原有资源提升模式的共同之处在于:两者都以原有资源的利用为发展前提。它们的不同之处在于:前者只是对原有资源进行简单改造和加工,不添加任何新的创意元素,而后者则在原有资源中添加新的创意元素,形成了新的价值增长点。

北京 798 艺术区是原有资源改造利用模式的典型。它位于北京市朝阳区酒仙桥街大山子区,是由工业遗址进化而成,798 艺术区的名字就是沿用了老厂区的名字。在新中国成立初期,该旧址上建立的是"北京华北无线电联合器材厂",之后经过国企改革,北京华北无线电联合器材厂转型成为七星集团。直到 1995 年,部分艺术家开始租用闲置库房,入驻此地。艺术家们一方面对遗留的历史文化和工业遗存进行保留和保护,另一方面又对厂房进行了重新设计,更新改造。随着该区域在国内外知名度的提高,政府于 2005 年将其评为新兴文化产业的示范单位。2006 年,政府又将其评为首批文化创意产业集聚区。现在,798 艺术区已经发展成为具有行政管理级别的北京市文化创意产业典型聚集区。

第四节　按照产业联系划分的文化产业集聚模式

依托产业间联系划分的文化产业集聚模式,存在两种分类基础。若文化产业集聚的分类基础为以产业价值链为核心,则文化产业集聚模式可分为水平关联型集聚模式、垂直关联型集聚模式和全产业链集聚模式三种。若文化产业集聚的分类基础为不同业态的融合发展,则文化产业集聚模式为"文化+"模式。具体如表2-4所示。

表2-4　按照产业联系划分的文化产业集聚模式的类型

分类基础	类型
	水平关联型集聚模式
以产业价值链为核心	垂直关联型集聚模式
	全产业链集聚模式
不同业态的融合发展	"文化+"模式

一、以产业价值链为核心

文化产业集聚区中的文化创意企业共处于同一条价值链上,它们借助价值链的整体实力来抵御风险和增强自身的核心竞争力,使自身在激烈的市场竞争中得以生存和发展。以产业价值链为核心进行分类时,文化产业集聚模式分为以下三种:一是水平关联型集聚模式。这种集聚模式意在强调产业价值链内各企业间的协同效应形成的规模经济。它的特点是各企业间生产的产品相似度较高,并且其面对的需求方也基本一致,企业间的差异需要差异化的产品区分。二是垂直关联型集聚模式。这种集聚模式是多种产业共享一种内容资源,形成价值链延伸。它的特点是集聚区内的上下游企业之间存在原材料供应、成品或半成品生产的内在关联。三是全产业链集聚模式。这种集聚模式是在劳动分工基础上实现新的产业整合。它的特点是可以实现纵向伸展,使上下游企业能有机地联系到一起。同时,又可以实现横向产业贯通,实现重复开发的内容资源价值增值。①

水平关联型集聚模式、垂直关联型集聚模式和全产业链集聚模式的形成需要三个条件:第一,培养创意核心企业。核心企业是价值链的主体,居于价值链的中心位置,对其进行培养,既有利于其形成品牌效应和发挥企业特色,也有利于其带动同一链条上的其他企业的发展。第二,其他产业的支持。文化产业集聚区的发展,不是单一产业的发展,而是与其共处同一价值链上的所有产业的共同发展。如果没有金融行业的资金支持、教育行业的人才支持以及销售行业的销售网络支持,文化产业就不可能获得很好的发展。第三,良好的共生机制。这既是集聚区内众多文化创意企业之间进行利益分配的协调机制,又是处于同一价值链上的企业进行分工协作的原则。这种机制可以使企业之间进行良好有效的沟通和协作,有助于交易成本的降低和各企业比较优势的发挥,进而推动整条价值链的顺畅运营,为文化产业的集聚发展奠定坚实的制度基础。

水平关联型集聚模式、垂直关联型集聚模式和全产业链集聚模式形成的关键在于具备完整的产业链和价值链。如果产业链和价值链不完整,企业的盈利能力和抗风险能力必然较弱,这意味着企业的可持续发展面临威胁,文化产业集聚效应的后劲可能不足。而能否形成完整的产业链和价值链,关键在于供应链的构建。一条完整的文化产业供应链的形成,始于创意灵感的爆发,终于消费市场的需求,其间还需要技术、咨询等中介服务和政府政策的支持。完整的文化产业供应链模式如图 2-5 所示。

---

① 徐文燕、周佩:《文化产业园区的集聚效应与全产业链发展模式分析》,《南京财经大学学报》2012 年第 5 期。

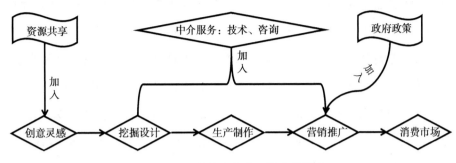

图 2-5　完整的文化产业供应链模式

二、不同业态的融合发展

若文化产业集聚模式来源于不同业态的融合发展,则它为"文化+"模式。文化具有强渗透、强关联的力量,在产业大融合背景下,"文化+"这个崭新的发展形态兴起。文化与其他产业的深度融合,可以实现产业结构优化,促进其他产业的可持续发展。目前,学界讨论的主流"文化+"模式包括"文化+旅游""文化+商业""文化+农业""文化+金融"等。比如,王志标(2014)认为文化与旅游、商业融合可以形成文商旅综合体,这是一种高级化的产业集聚模式。① 刘志华和刘瑛等(2018)认为文化、旅游与农业可以聚合成田园综合体,它可以带来经济、社会、生态方面的综合效益。② 蒋柯可和熊正贤(2019)认为文化、旅游与城镇的融合、集聚发展可以推动特色城镇的转型升级。③

本章小结

文化产业集聚模式的分类依据有主导力量、资源以及产业间联系之分。

----

① 王志标:《文商旅综合体的特征与发展趋势》,《经济纵横》2014 年第 10 期。
② 刘志华、刘瑛、张丽娟:《田园综合体建设:以重庆的实践为例》,《长江师范学院学报》2018 年第 4 期。
③ 蒋柯可、熊正贤:《文旅类特色小镇同质化问题与差异化策略研究——以四川安仁古镇和洛带古镇为例》,《长江师范学院学报》2019 年第 2 期。

若文化产业集聚模式的分类依据为集聚的主导力量,则它为按照形成主体划分的文化产业集聚模式,具体可分为市场主导型、政府主导型、政府—市场型以及官产学研结合型等四种。若文化产业集聚模式的分类依据为区域资源,则它为按照依托资源划分的文化产业集聚模式,具体可从依赖的核心资源或利用资源的情况两个角度出发进一步划分。从依赖的核心资源角度出发,文化产业集聚模式可分为五种,它们分别为以人力资本为核心的模式、以政府资源为核心的模式、以市场资源为核心的模式、以企业资源为核心的模式和以城市为核心的模式。从利用资源的情况出发,文化产业集聚模式可分为资源聚集自发形成模式、依托原有资源提升模式和原有资源改造利用模式等三种。若文化产业集聚模式的分类依据为产业间联系,则它是按照产业联系划分的文化产业集聚模式,具体可从以产业价值链为核心和不同业态的融合发展两个方面来看。以产业价值链为核心进行分类,文化产业集聚模式可分为水平关联型集聚模式、垂直关联型集聚模式和全产业链集聚模式等三种。从不同业态的融合发展进行分类,文化产业集聚模式为"文化+"模式。

第三章　文化产业集聚的动因分析

第一节　学习效应

一、文化产业集聚的核心——人才

若从依赖的核心资源来看,文化产业集聚的模式有五种,分别是以人力资本为核心、以政府资源为核心、以市场资源为核心、以企业资源为核心和以城市为核心。不管文化产业集聚依赖的是哪类核心资源,其发展都离不开人才。但是,中国的文化生产队伍占就业人口的比例不足 5%。[①] 而美国东北部沿岸城市群在艺术、设计、娱乐、体育与媒体行业的从业人数占全美同业就业人数的比例高达 18%。[②] 可见中国文化产业的集聚还处于资源型产业阶段,生产的文化产品以批量化、同质化产品为主,核心文化产业、文化服务相对薄弱。据统计,2019 年中国文化及相关产业增加值占 GDP 的比重为 4.5%[③],由此可以看出,中国文化产业在经济中的重要性还有待提升。

[①]　万晶:《文化产业集群形成研究》,江西财经大学 2013 年硕士学位论文。
[②]　田蕾:《美国东北部城市群文化产业集聚特征与启示》,《当代经济》2020 年第 9 期。
[③]　数据来源于国家统计局官方网站。

文化产业的人才包括文化创意人才、文化管理人才和文化营销人才三种。第一,文化创意人才。文化创意人才是指那些从事创造新观念、新技术和新的创造性内容工作的人才。第二,文化管理人才。优秀的文化管理人才可以建立快速高效的管理体制,保证企业更好地适应复杂多变的市场环境。第三,文化营销人才。传统营销以有形产品为核心,而文化产品营销以文化或价值观为核心,除了要让消费者了解有形产品的基本情况,还需要向消费者传递产品的文化内涵,这也是文化产品实现价值增值的关键。因此,相较于传统营销而言,文化产品营销对人才的素质要求更高。

二、文化产业集聚的网络属性和学习效应

波兰尼(Polnayi)将知识分为显性知识和缄默知识。① 其中,显性知识是指客观性知识,它可以借助语言、书籍等媒介加以表达,也可以通过快速编码并跨越时间和空间范围进行传播。而缄默知识属于个体情景类知识,依赖个体的经验、直觉②,是典型的"干中学"知识。它只有通过人际互动,才能实现其传播和共享。跟显性知识比起来,缄默知识既不能通过语言或者其他形式清晰表达,也不能跨越时空进行传播。③ 换句话说,缄默知识具有空间黏性。对于文化产业而言,它强调内容为王,生产投入的要素主要是思想、技能和创意。这类投入要素的特点是不能远距离传播和扩散,只能在具有相同或相似知识背景的主体间溢出和共享。从这个角度看,文化产业中蕴含的知识类型主要为缄默知识。缄默知识分享和传播的过程,属于知识溢出的过程。因为缄默知识具有空间黏性,所以,其知识溢出具有空间局限性。④ 那么,为了获

① 参见 Michael Polanyi,*The Tacit Dimension*,New York:Doubleday & Co.,1996,pp.69-82. 对于缄默知识,不同的学者有不同的叫法,有的称其为"意会知识",有的又叫"隐性知识"。虽然对它的叫法不一,但含义一样。因此,下文中统一用"缄默知识"表示。
② 袁海:《文化产业集聚的形成及效应研究》,陕西师范大学 2012 年博士学位论文。
③ 袁海:《文化产业集聚的形成及效应研究》,陕西师范大学 2012 年博士学位论文。
④ 袁海:《文化产业集聚的形成及效应研究》,陕西师范大学 2012 年博士学位论文。

得文化产业中蕴含的缄默知识,最好的方式就是与知识所有者面对面接触和交流。关于缄默知识的溢出情况如表 3-1 所示。

表 3-1　缄默知识的溢出情况

特点	空间黏性
获得方式	面对面接触、交流
结果	知识溢出

同一产业内部和不同产业之间都存在不同的行为主体,这些行为主体之间形成“产业网络”。[①] 文化产业集聚区的行为主体有文化企业、金融机构、服务机构以及科研院所等,文化产业集聚的过程,就是这些行为主体在特定的空间内运行文化产业网络的过程。该网络分为两种,分别是经济关系网络和社会关系网络。这两种网络属性的对比详见表 3-2。经济关系网络以生产和交易为核心网络,以服务网络为辅助网络。核心网络主体主要是处于文化产业价值链环节的各类文化企业,辅助网络主体主要是金融机构、中介机构和政府机构等。其中,金融机构可以为核心网络主体提供资金支持,中介机构可以为其提供交易、技术等相关信息,政府机构可以为其提供相关优惠政策服务。社会关系网络属于非正式的关系网络,是由来自不同的企业和机构的个体之间形成的一种社会关系集合体。社会关系网络之所以存在是因为现实经济生活并不能脱离社会背景和环境,而是需要嵌入各种社会关系中。并且,文化产业中蕴含的缄默知识主要是在社会关系网络中扩散。

---

① 李文博:《云南省文化产业集聚对文化产业发展的影响研究》,云南财经大学 2019 年硕士学位论文。

表3-2　文化产业集聚两种网络属性的不同

关系网络	主体	属性	缄默知识的扩散主力
经济关系网络	文化企业、金融机构、中介机构和政府机构等	正式的关系网络	否
社会关系网络	企业和机构中的个体	非正式的关系网络	是

目前,很多学者认为,在社会关系网络中,只有个体间面对面的接触、交流才有利于文化产业中缄默知识的溢出,进而形成学习效应。毕竟,缄默知识具有空间黏性,其传播会受到空间距离的影响。但也有部分学者观点不同,他们认为知识溢出的关键不在于地理位置的邻近,而只需要在社会关系网络中建立起资源与信息的交流、交互即可。①　比如,文化创意人才借助非正式网络(同行、同事、朋友等),在宽松、自由的环境氛围下,通过非正式的关系互动,可以快速有效地获得缄默知识,最终使知识信息从"小众范围"变为"业内皆知"的共享知识,由此实现知识溢出的目的。其中,非正式的关系互动可以表现在文化创意人才在各个企业和机构间的流动。

三、学习效应和文化产业集聚的双向作用机理

(一)学习效应是文化产业集聚的根本动力

根据马歇尔的外部经济和范围经济理论,同一产业的多家企业集聚在一起时产生的成本低于其分散时的成本。那么,企业为了充分利用区域的某种优势,比如资源优势、政策优势、市场优势等,会形成指向同产业的集聚和指向多产业的集聚。还有可能为了加强某一区域企业间的经济联系而形成关联性产业集聚。这些文化产业集聚形式产生的根本动力就是学习效应。因为,在

---

①　D.L.Rulke,S.Zaheer,M.H.Anderson,"Sources of Managers' Knowledge of Organization Capabilities",*Organizational Behavior and Human Decision Processes*,Vol.82,No.1(2000),pp.134-149.

企业间的专业化分工形成后,就会刺激知识和技术外部性产生,由此引发知识溢出,形成学习效应,提高企业的创新能力和集体效率,进而促进文化产业集聚的形成。比如,由同行之间的交流产生的缄默知识溢出,是年轻画家集聚到一起的主要原因。画家通过亲眼观看同行的艺术作品可以从中体会、学习其创意构思,且可以通过与其交流学习到最流行的艺术创作网络和艺术新动态。

(二)文化产业集聚反向促进学习效应的形成

文化产业集聚形成后,其学习效应的产生需要经过四个阶段:第一,内化阶段。当文化创意人才进入文化产业集聚地后,为了快速适应工作,获得良好表现,会通过培训、交流等加快已有显性知识的转化与应用,也会努力增加拥有的缄默知识。第二,社会化阶段。随着文化创意人才对工作环境的熟悉,人才之间会进入相互学习对方缄默知识的时期。相互学习的手段包括非正式网络联系学习,以及传、帮、带的师徒制方式。第三,外化阶段。当文化创意人才获得的缄默知识积累到一定程度时,会实现由量变到质变的突破。这时,文化创意人才可能在某个临界点让缄默知识溢出为显性知识,以实现由实践到理论的升华。第四,组合化。外化阶段转化形成的显性知识零散,缺乏系统性。进入组合化阶段后,文化创意人才通过组合、加工和整理显性知识使其转化为发明、专利、论文等,从而使这些显性知识融入群体的知识系统,并最终量化学习效应。

(三)文化产业集聚形成的脉络关系

文化产业集聚形成的脉络关系如下:第一,由于缄默知识的空间黏性,个体间面对面交流的社会关系网络促使学习效应的产生。第二,建立资源与信息交流、交互平台的社会关系网络也会促进学习效应的产生。第三,学习效应和文化产业集聚相互作用,前者是后者产生的根本动力,后者又反过来促进前者的形成。第四,文化产业集聚是社会关系网络形成的温床。文化产业集聚区为个体间的面对面交流提供了场所;文化产业集聚区的个体要么是同行,要么是上下游企业的员工,他们拥有相同或联系比较密切的工作内容,这有利于个体间共同语言的形成,也有利于创新思想的碰撞,即有利于形成社会关系网络。从学习效应角度看,文化产业集聚形成的脉络关系如图 3-1 所示。

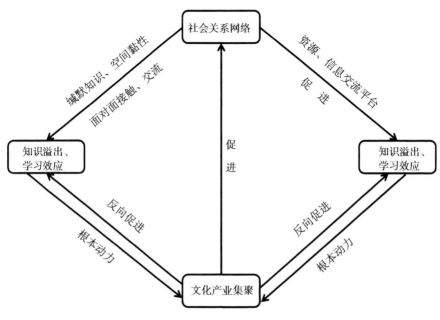

图 3-1　文化产业集聚形成的脉络关系

第二节　城市功能的转型

一、城市功能的基本理论分析

城市功能是指一定时期内城市在国家或者地区的政治、经济、文化等方面所起的作用。因为城市在不同的历史发展阶段所发挥的作用不同,所以城市功能也在不断变化。在农业时期,城市主要是政治和军事中心,规模小、数量少,发挥着承载功能。工业时期,城市发展成政治、军事、经济中心,规模扩大、数量增多。许多城市的兴起是因为矿产开采的需要,如英国的伯明翰、德国的鲁尔区、法国的洛林等,都是由于开采煤矿而兴起的城市,这个时期的城市功能主要是生产功能与经济功能。到了后工业时期,即现在的信息化时代,城市功能开始向多元化、综合化方向发展。生产功能、经济功能、文化功能、娱乐功能、教育功能、居住功能等,都是城市发展的方向。①

城市功能形成和发展的内在机制是供给与需求的矛盾运动②,这主要是由"乘数效应"和"临界值原则"导致的。根据乘数效应,当地方需求增加时,地方产出、就业会增长,这会引起职业和工业布局改变,进而吸引拥有新技能、新需求的移民。随着各种工业的建立,从事最初投入的供给者的后向联系和使用其产品的企业的前向联系得到发展。③ 整个过程中,之前其他地方生产的产品需求临界值提高,从而出现新的企业和工业,也会产生持续的乘数效应。④ 关于临界值,联合国有一项研究表明,在生产就业的主导部门方面,存在着人口规模为 25 万—30 万人的临界值。达到这个临界值之前,生产是就业增长的主导部门,超过临界值之后,第三产业就业增长加快。⑤ 在乘数效应和临界值原则的双重作用下,供给与需求的联动导致城市主导产业的更迭,使城市功能不断丰富和发展。

城市功能发挥的物质基础是城市产业活动,而城市产业是社会生产力发展到一定阶段时的产物。随着生产力的发展,城市产业种类越来越细化,产业之间的联系也越来越紧密。比如,第二产业包括工业和建筑业。其中,工业又分为采矿业、制造业、电力、热力、燃气及水生产和供应业等几大门类,门类又进一步细分为大类、中类和小类等层次。而城市的各种产业活动可使城市不

---

① 王志标、侯贺、郎颖丽:《河南文化创意产业集聚研究》,研究报告,河南大学,2014 年,第20 页。
② 石正方:《城市功能转型的结构优化分析》,南开大学 2002 年博士学位论文。
③ 石正方:《城市功能转型的结构优化分析》,南开大学 2002 年博士学位论文。
④ 石正方:《城市功能转型的结构优化分析》,南开大学 2002 年博士学位论文。
⑤ 石正方:《城市功能转型的结构优化分析》,南开大学 2002 年博士学位论文。

断吸引人才、资本等生产要素进入,进而实现城市的集聚功能。[1] 城市产业活动也会对生产要素进行加工再造,使其输出商品或服务,进而实现城市的扩散功能。此外,城市产业活动可以满足对内、对外的市场需求,进而实现城市的经济功能。因此,城市产业活动是城市功能的物质载体,是其赖以发挥的物质基础。

二、城市功能转型的地方实践

城市功能转型可以通过城市产业结构的优化升级得以实现。其中,产业结构优化是指产业结构合理化和高度化的发展过程。[2] 而产业结构合理化是根据需求和城市资源情况,对不合理的产业结构进行调整,使城市能够合理配置、有效利用资源。它的核心内容是城市各产业部门之间的比例协调性,生产部门的生产能力要与市场需求相匹配。从产业结构调整的结果角度看,产业结构高度化是指产业结构从低水平状态转为高水平状态。比如,产业结构由劳动密集型向技术密集型转换,由低附加值向高附加值演进等。城市产业结构高度化的核心内容是第一产业、第二产业的产值和就业人数所占比重逐渐下降,而第三产业的产值和就业人数所占比重逐渐升高。[3]

位于黄河中游流域的河南省,地理位置优越,交通便利,是重要的物流、信息流以及交通枢纽中心,也是全国重要的经济大省、能源大省、工业大省和农业大省。国家统计局官网上的相关数据显示,2016 年河南省的绝大多数地市处于“二、三、一”的产业发展结构中,但随着时间的推移,2020 年时,超过 80%的地市已经处于“三、二、一”的产业发展结构中。这与河南省的经济转型步伐相符,在经济高速发展时期,河南省以高污染、高耗能的资源型产业为主。而在经济进入高质量发展阶段后,河南省开始壮大金融业和服务业等产业。

---

[1]　石正方:《城市功能转型的结构优化分析》,南开大学 2002 年博士学位论文。
[2]　周振华:《产业结构优化论》,上海人民出版社 1992 年版,第 27—28 页。
[3]　石正方:《城市功能转型的结构优化分析》,南开大学 2002 年博士学位论文。

也就是说,河南省各地市的三大产业结构日趋高度化,城市功能转型得以实现。鉴于篇幅有限,现从河南省各地市中选择郑州、开封、洛阳、平顶山、许昌和南阳等6个文化产业相对发达的代表性城市加以说明。

作为河南省省会,郑州市在2014—2017年的《中国城市竞争力排行榜》中排名第16位,且排名在逐渐上升,但无缘十强。中国经济正处于从高速发展向高质量发展转变的关键时期,郑州市也处于产业转型的重要关口。①

从图3-2中可以看出,2016—2020年,郑州市第三产业增加值占比逐年上升,2018年之前上涨速度较快,2018年之后,进入平稳增长阶段。并且,2020年时,第三产业增加值占比已增长至将近60%。2010年发布的《郑州市城市总体规划(2010—2020年)》指出,要将郑州市打造成国际交通枢纽和物流中心。② 在大力发展本市优势产业、加强资源整合的同时,郑州市依托产业集聚区重点发展现代服务业、文化旅游业等产业。在郑州市未来重点发展的五大战略产业中,服务业占三个,分别为商务金融、物流商贸和文化创意旅游,计划全域建设2处金融中心、8处中心商务功能区、18处特色商业街区、6处大型市场、5处物流园区、5处创意中心、3处旅游服务中心和3处游客集散中心。③

开封,简称"汴",是首批国家历史文化名城、知名文化旅游城市,也是国务院批复确定的中原城市群的中心城市之一,旅游业发展迅速,拥有8家国家5A级、4A级旅游景区,已举办多届中国开封清明文化节、中国开封菊花文化节,吸引了大量国内外游客。2016年,开封市第三产业首超第二产业,跃居三大产业之首。2016—2020年,开封市三大产业的具体情况如图3-3所示。2016年,第三产业增加值占比为42.99%,比第二产业增加值占比高出2个百

---

① 郑天琪:《郑州市产业结构评价研究》,《合作经济与科技》2020年第6期。
② 《郑州市城市总体规划(2010—2020年)(2017年修订版)》,2020年4月25日,见 ht-tps://www.docin.com/p-2350518161.html。
③ 《郑州市城市总体规划出炉》,2018年8月23日,见 https://www.sohu.com/a/249527675_235974。

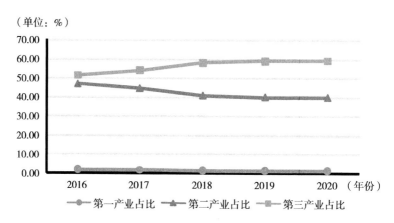

（单位：%）

图 3-2　2016—2020 年郑州市产业结构

分点。之后,第三产业增加值占比稳中有升,第二产业增加值占比稳中有降,第一产业增加值占比缓慢下降。至 2020 年,第三产业增加值占比增长到 46.84%,比第二产业增加值占比高出将近 10 个百分点。这说明开封市充分利用自身的资源禀赋,让开封的旅游资源成为拉动经济增长的新引擎,产业结构日趋合理化,城市功能转型正在逐步实现。

洛阳,简称“洛”,有 5000 多年文明史、4000 多年城市史、1500 多年建都史。根据河南省统计年鉴,洛阳市三大产业结构中一直存在第二产业占比过高的问题。其中,第二产业对重工业的依赖性较强。在产业结构调整中,洛阳市逐步调整轻重工业产值比例。此外,积极依托旅游资源发展第三产业。截至 2022 年 1 月,作为中国优秀旅游城市、全国园林城市,洛阳市共有龙门石窟、汉函谷关、含嘉仓等 3 项 6 处世界文化遗产,共有 A 级以上旅游景区 82 处。并且,洛阳市举办的中国洛阳牡丹文化节、河洛文化旅游节也享誉国内外。在此背景下,洛阳市第三产业增加值占比逐年升高。具体数据如图 3-4 所示。从图 3-4 中可看出,2016 年,洛阳市第二产业占比与第三产业占比基本持平,而 2017 年,第三产业占比已经超越第二产业占比,并在之后保持平稳增长。这说明洛阳市产业结构日趋合理化和高度化,城市功能转型正在逐步

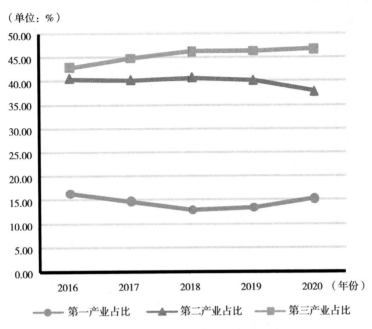

（单位：%）

图 3-3　2016—2020 年开封市产业结构

实现。

自 1957 年 3 月建市以来,平顶山市主要是以煤炭开采为主的工业性城市,第二产业一直是拉动经济的关键性产业。从图 3-5 可知,2018 年之前,平顶山市的产业结构一直是"二、三、一",虽然第三产业占比在逐年升高,但第二产业仍然是主导产业。然而,随着资源日趋枯竭,城市环境污染日益严重,产业结构调整迫在眉睫。在国家产业转型升级政策的激励下,于平顶山市获批成为国家产业转型升级示范区的同年①,第三产业占比略高于第二产业占比。到 2020 年,第三产业占比超过第二产业占比 1 个百分点。这说明平顶山市产业结构处于合理化和高度化的起步阶段,未来可以充分利用汝官窑遗址、石漫滩水库、废弃的矿井、香山寺等旅游资源大力发展第三产业。针对第二产

---

① 《"转"出广阔新天地——平顶山市产业转型升级纪实》,2020 年 11 月 27 日,见 ht-tps://www.henan.gov.cn/2020/11-27/1911323.html。

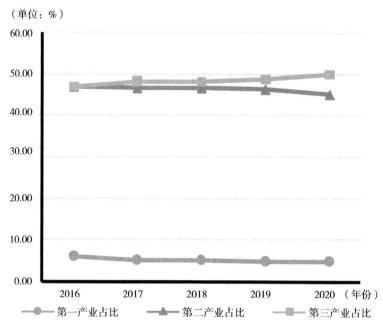

（单位：%）

图 3-4　2016—2020 年洛阳市产业结构

业,也要加快创新步伐,以先进技术促使高耗能的煤炭产业转向绿色和可持续发展的道路。

　　许昌,又名莲城,装备制造、纺织、食品加工和发制品是其支柱产业。许昌有 10 个重点工业集聚区,企业入驻率均达到 70% 以上;许昌有中国最大的棉短绒生产基地,产量占全国市场的 40%;腐竹的产量居全国第一位。从图 3-6可窥一斑,虽然 2016—2020 年许昌市第二产业占比略有下降,但第二产业仍然具有主导性地位。第三产业发展迅速,与第二产业的差距在逐渐缩小。这不仅得益于政府产业结构调整的力度,更依赖于城市深厚的文化底蕴以及旅游资源。许昌是三国名城,依托曹魏文化,许昌市人民政府成功举办多届文化旅游盛宴,从文艺巡演到名家讲座,从非遗展示到旅游探访,从创意大赛到经贸洽谈,在挖掘许昌特色中展现城市文化,在整合文旅资源中彰显城市魅力。

　　从图 3-7 可知,2016—2020 年南阳市第一产业占比变化不大。第二产业占比明显降低,由 2016 年的 43.8% 降为 2020 年的 32.12%,降低幅度超过了

（单位：%）

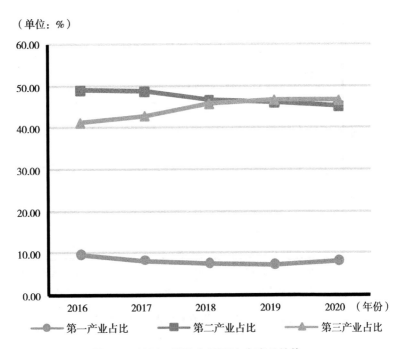

图3-5　2016—2020年平顶山市产业结构

10个百分点。第三产业占比大幅提升,从2016年的39.65%升为2020年的51.26%,上升幅度将近12个百分点。由此可以看出,南阳市的产业结构调整在逐步推进,城市功能转型趋势明显。正如《南阳市城市总体规划(2018—2035年)》中指出的,南阳市要依托中心城区的特色与基础,以及豫鄂陕区域中心的区位优势,重点打造现代服务业,推动健康产业、文化创意两个特色塑造型产业,形成具有南阳特色的现代产业体系,要把南阳打造成为中国养生名城、中原生态水城、河南宜居新城。①

　　综合起来看,城市功能转型意义重大。实现城市功能转型的手段是城市产业结构的优化升级,即保证城市产业结构的合理化和高度化。实现城市功能转型的总体目标是:第一,由制造业城市向服务业城市转型;第二,由传统城

---

① 《南阳规划局:南阳市城市总体规划(2018—2035年)》,2019年7月15日,见 ht-tps://www.sohu.com/a/327102512_100009111。

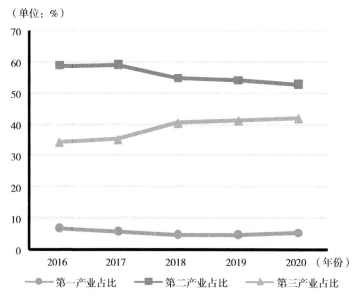

（单位：%）

图3-6 2016—2020年许昌市产业结构

市向信息城市转型;第三,由单一功能城市向多元功能城市转型;第四,由国家城市向跨国区域城市乃至全球城市转型。①

三、城市功能转型和文化产业集聚的关系

(一)城市功能转型有利于文化产业集聚

根据上文提到的城市功能转型的总体目标可知,发展高附加值的制造业和服务业是现代城市发展的关键。作为服务业的一部分,文化产业在城市功能转型的关键节点也面临着前所未有的机遇。其实,城市功能转型基调与发展文化产业是一致的,因为文化产业具有高附加值、高整合性等特点,对包括服务业在内的第三产业能起到催化和提升的作用。② 正如中国"创意产业之

---

① 石正方:《城市功能转型的结构优化分析》,南开大学2002年博士学位论文。
② 王志标、侯贺、郎颖丽:《河南文化创意产业集聚研究》,研究报告,河南大学,2014年,第21页。

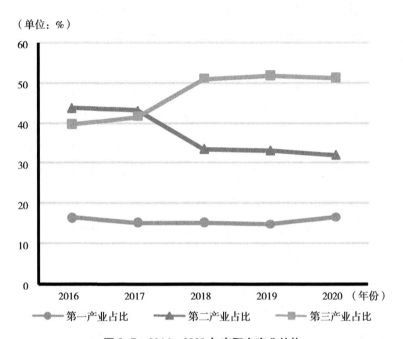

（单位：%）

图 3-7　2016—2020 年南阳市产业结构

父"厉无畏先生所说："一个城市的灵魂与魅力是由人文氛围和文化生态决定的,城市硬件建设只是提供给了物质存在,如果没有自己的精神气质,那城市只是钢筋水泥的丛林。"①

　　2013 年,河南省的地区生产总值达 32155.86 亿元,比上年增长 9.0%,在全国排名第 5 位,但是人均水平低,发展不平衡,结构性矛盾突出,工业大而不强,第三产业发展不足。② 2019 年,河南省服务业对河南地区生产总值增长的贡献率达到 45.6%③,2021 年河南省服务业占地区生产总值比重达到 49% 左

---

　　①　厉无畏:《创意产业导论》,学林出版社 2006 年版,第 92 页。

　　②　王志标、侯贺、郎颖丽:《河南文化创意产业集聚研究》,研究报告,河南大学,2014 年,第 20 页。

　　③　莫韶华:《2020 年〈河南经济蓝皮书〉出版　2019 年服务业对河南 GDP 增长贡献率为 45.6%》,2020 年 4 月 28 日,见 https://news.dahe.cn/2020/04-28/642698.html。

右。① 基于城市功能的重新定位,许多工业企业从中心城市退出,文化产业得到发展;同时,文化产业园区对城市经济、城市就业、城市品牌及城市影响力等方面具有战略意义。②

此外,因为资源型城市会面临资源枯竭,粗放式的开采和利用会使环境问题日益严峻,快速扩张的城市又使土地资源紧张,所以城市功能转型尤为必要。通过综合考虑城市资源的特点、开发规模、城市区位特征等因素,确立产业转型模式,实现产业升级和产业替代,就成为推动城市功能转型的基本途径之一。而当城市文化、旅游资源丰富时,可以通过打造文化产业集聚区,解决资源枯竭和土地资源紧张的问题。换句话说,城市功能转型要求文化产业集聚。河南省焦作市是城市功能转型促进文化产业集聚的典型城市。

焦作市属于工业城市,煤矿开采可以追溯到明朝。但随着煤炭资源的枯竭,焦作市的煤炭企业生存艰难,陷入严重亏损状态。在此背景下,焦作谋求城市功能转型。因其旅游资源丰富,所以大力开发旅游业。截至目前,焦作市共有十大旅游园区,它们分别是云台山园区、青天河园区、神农山园区、圆融寺园区、影视城园区、药王庙园区、妙乐寺园区、嘉应观园区、陈家沟园区、韩园园区。③ 其中,云台山、青天河、神农山为5A级景区。陈家沟为太极拳发源地,是乡村旅游特色村。从煤城到旅游城,从冒烟工业到无烟工业,焦作市通过城市功能转型,实现了文化产业集聚的华丽转身。

① 银新玉:《三个方面发力! 2021年河南服务业占全省GDP比重将达49%》,2021年5月18日,见https://www.henan.gov.cn/2021/05-18/2147220.html。
② 王志标、侯贺、郎颖丽:《河南文化创意产业集聚研究》,研究报告,河南大学,2014年,第21页。
③ 《焦作市召开十大文化旅游园区推进会》,2012年6月28日,见http://www.henan.gov.cn/10ztzl/system/2012/06/28/010316425.shtml。

（二）文化产业集聚反向促进城市功能转型

文化产业集聚对城市功能转型的反向促进主要表现在以下几个方面：

第一，它影响城市产业结构的重塑。文化产业是以创意为动力、内容为核心的产业，无论是其产品的生产还是消费，都对社会环境影响较小，是当之无愧的绿色产业。有鉴于此，大量的文化政策落地实施，促进了文化产业的集聚。其中，文化产业集聚形式多样，每种形式对应的作用机制不同，有自我毁灭式、融合衍生式、辐射拓展式和终端引领式四种。这些作用机制可以通过城市再生、结构调整、网络构建和需求创造等路径促进城市功能的全面转型。展开来说，文化产业集聚对产业结构调整的作用机理是，当文化产业规模扩大、集聚效应显现时，文化产业会通过融入相关产业的价值链形成一条全新的、能够在不同企业和产业之间合作发展的价值链，从而影响到三大产业的横向产业格局，使三大产业的升级路径有全新的选择。①

第二，它促进就业规模。文化产业属于知识密集型的产业，主要依托人才创新生产较多具有创意的产品，所以也被称为劳动力密集型产业。② 因产业链比较长，文化产业具有关联效应，可以带动相关产业的发展。因此，不管从直接角度还是间接角度看，文化产业集聚都能够在一定程度上带动城市就业，解决城市就业难的问题。

第三，它提升城市形象。对一个城市竞争力的评判，不仅需要从其经济效益角度考虑，还要从其人文环境、社会和谐度等方面进行分析。在集聚发展过程中，文化产业会赋予城市特殊的文化符号，提升城市的文化内涵，这对塑造良好的城市形象非常重要。比如，由河南省人民政府主办，河南省文化和旅游厅、洛阳市政府共同承办的中国洛阳牡丹文化节已经成功举办39届，通过自

① 曲梦琪：《对文化创意产业的空间集聚促进城市转型分析》，《城市建设理论研究（电子版）》2018年第34期。
② 王冰：《文化创意产业在城市转型中发挥的重要作用》，《红河学院学报》2020年第5期。

67

己特有的文化底蕴和艺术手法使洛阳牡丹成为城市的一张名片。

第三节　集群租金

一、租金的经济学意义

在最初的时候,租金即为地租,之后拓展为准租金、经济租金等。对于经济租金,微观经济学中认为它相当于生产者剩余,是在生产要素供给给定的条件下,要素收入与机会成本之差。也就是说,一切生产要素所产生的超额利润,即超过机会成本的收益都可以称为租金。具体如图3-8所示。在图3-8中,Q指生产产品的数量,R表示成本或收益,S表示产品的供给曲线,D表示产品的需求曲线,E点表示供需均衡点。S的形状反映出,随着生产产品数量的增加,供给成本也在增加;D的形状反映出,随着生产产品数量的增加,单位产品带来的收益在下降。[①]　在图3-8中,AR_EE代表的阴影区域即为租金。

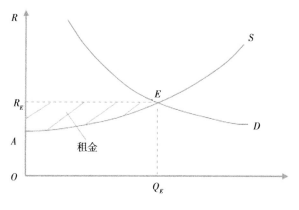

图3-8　租金的含义

---

① 王志标、侯贺、郎颖丽:《河南文化创意产业集聚研究》,研究报告,河南大学,2014年,第22页。

二、关于集群租金的解释

集群租金指的是文化产业集聚在特定空间内产生的收益减去机会成本后的部分,也就是超额利润部分。[1] 集群租金产生的前提条件是文化产业集聚在特定的空间内。当文化产业集聚在特定的空间时,会形成特质性能力,进而依赖地方的社会结构、经济结构、法律结构、政府结构和文化结构等形成稳定的整体体系,体系内成员相互影响、相互作用,由此产生巨大的生产力,进而产生超额利润。例如,山西省有丰富的煤炭资源、北京与上海有充实的人力资源、云南省有独特的旅游资源与少数民族风情等[2],这些非均质性因素不能自由流动,只有与空间内的社会关系、组织结构等特有因素结合,才能形成特质性资源,使集聚在此空间内的企业获得更多的超额利润。由于超额利润形成的一个前提是集聚成员的相互作用,所以,这些超额利润不能被某一企业单独占有,也不能被脱离集聚区的企业所带走。

关于集群租金的类别,学者们从不同角度进行了划分。臧旭恒和何青松(2007)在研究产业集群动态的演进过程时,认为集群租金可以分为两类,即地理租金和组织租金。他们指出,地理租金是生产要素只要接近特定的空间就能产生的租金;组织租金是由产业集群作为一种特有的资源组合方式而形成的。[3] 庄晋财和吴碧波(2008)从价值链角度把集群租金分为集群内单一环节创造的租金、集群网络体系创造的租金和嵌入全球价值链的租金。[4] 邢孝兵和明娟(2010)从资源角度出发把集群租金概括为五类:基于异质性资源的李嘉图租金、基于无形

---

[1]　王志标、侯贺、郎颖丽:《河南文化创意产业集聚研究》,研究报告,河南大学,2014 年,第22 页。

[2]　王志标、侯贺、郎颖丽:《河南文化创意产业集聚研究》,研究报告,河南大学,2014 年,第22 页。

[3]　臧旭恒、何青松:《试论产业集群租金与产业集群演进》,《中国工业经济》2007 年第3 期。

[4]　庄晋财、吴碧波:《全球价值链背景下产业集群租金及其经济效应分析》,《吉首大学学报(社会科学版)》2008 年第6 期。

资源长期价值供给能力的理查德租金、基于内部资源和能力的彭罗斯租金、基于交易契约的关系租金、基于企业家动态创新能力的熊彼特租金。[①]

三、集群租金对文化产业集聚的影响

获取产业集群租金是产业集聚的动因之一,因为集群租金优势越明显,意味着企业集聚在某地后获得的额外收入越多。当企业有集聚发展和独立发展两种选择时,如果集聚发展比独立发展可以获得更多的超额利润,那么企业就会选择集聚发展。而如果集聚发展获得的超额利润低于单独发展获得的超额利润,企业要么不加入集群组织,要么是从集群内退出。一旦集群租金不能满足大部分企业的要求时,会有越来越多的企业离开集群,从而造成集群的不稳定,最终有可能使集群衰落。

为了更深刻阐述集群租金对文化产业集聚的影响,有必要对集群租金进行分类。在以往学者集群租金分类研究的基础上,现从地域性、社会性和系统性三个维度将集群租金分为区位租、场域租和网络租。[②] 区位租指的是某地区在自然资源禀赋、历史文化底蕴等方面的地域特色给集聚区带来的租金。场域租指的是集聚区内产业的生产经营环境和发展环境为企业带来的额外利润。这类环境是通过对各方面的构建实现的,例如完善的法律制度、宽松的人才环境、高效率的融资环境以及科研机构的支撑等。网络租指的是由产业集聚的过程中逐渐形成的复杂网络而产生的外部效应所带来的集群租金。企业之间相互信任的合作关系,以及企业与劳动力市场、消费者市场的长期关系等构成的网络使企业可以节约搜寻成本,更容易获得所需要的资源。这三种类型的集聚租金对文化产业的影响情况见表3-3。

[①] 邢孝兵、明娟:《集群租金视角下的创业企业孵化研究》,《商业经济与管理》2010年第1期。

[②] 王志标、侯贺、郎颖丽:《河南文化创意产业集聚研究》,研究报告,河南大学,2014年,第23页。

表 3-3　三种集群租金类型对文化产业集聚的影响因子

集群租金类型	特点	影响因子
区位租	地域性	自然资源禀赋、文化底蕴、生产技术和能力
场域租	社会性	政府政策构建的人才环境、融资环境等综合软环境
网络租	系统性	复杂的关系网络通道

从表 3-3 中可知,区位租对文化产业集聚的影响表现在自然资源禀赋、文化底蕴、生产技术和能力等方面。对于制造业的某些行业来说,自然资源是企业集聚的关键因素。同样,对于文化产业中的某些企业来说,当地独特的自然资源优势也是影响企业集聚的因素。例如,对于以文化旅游为主的产业园区,优美的自然风光无疑会为园区增彩。在区位租中,除了自然资源禀赋,特有的文化底蕴、生产技术和能力也是产业集聚的影响因子。例如,河南开封、洛阳、安阳有着浓厚的古都文化底蕴,许昌禹州以钧瓷著称,信阳以茶文化闻名,它们都集聚着以各自区域特色为主的文化产业集群。[①] 云南丽江文化产业集聚区的形成与当地的历史文化和民族风俗风情有着密切关系。英国的布里斯托尔以自然历史电影制作形成产业集群,这与当地原有电影制作技术有关。在区位选择上,文化产业生产的产品更注重精神层面,只有在城市经济发展到一定阶段后才能消费这样的产品,所以大多选择在城市集聚文化产业。

场域租对文化产业集聚的影响主要依赖于特殊的环境,比如人才环境、融资环境等。这些环境的构建主要得益于政府政策,正如霍尔(Hall)说的:"城市政策像磁石一般吸引着天才的移民和财富的创造者。"[②]对于初创型的文化创意企业而言,政策影响下的软环境对它的作用更明显。最初,简单的政策优

[①] 王志标、侯贺、郎颖丽:《河南文化创意产业集聚研究》,研究报告,河南大学,2014 年,第 24 页。

[②] Sir P. Hall, "Creative Cities and Economic Development", *Urban Studies*, Vol. 37, No. 4 (2000), pp. 639-649.

惠,比如人才政策、税收政策、融资政策等,就会对初创型企业的发展影响巨大。而随着企业的发展壮大,简单的优惠政策已不能满足企业的需要,它们会更关注区域的综合软环境,只有区域软环境满足其扩大再生产的经营氛围,才会让企业集聚于此。以河南省为例,其各地区文化产业的生产经营环境和发展环境为企业带来了不少集群租金。在创业环境方面,各产业园区以低廉的房租吸引企业入驻。例如,创建于 2009 年的河南省首个文化创意产业园——郑州金水文化创意园,主要是以广告会展、创意设计、动漫游戏、现代传媒等为重点发展对象。[1] 为了吸引企业入驻,园区对租金制定了如下优惠措施:对入驻园区前 20 名,且注册资金在 100 万元以上,员工人数达到 10 人以上,或者年产值在 500 万元以上的企业,园区将给予 40% 的租金补贴,期限为 2 年;对于创新型企业,租用房屋面积按从业人员每月每人 4 平方米(建筑面积)为上限计算,园区将给予 40% 的租金补贴,超出部分按照每月每平方米 10 元给予补贴。

　　网络租对文化产业集聚的影响主要表现在,其产生的复杂关系网络降低了企业的寻找成本。在文化产业集聚的过程中,会产生 4 种相互联系的关系网络,即生产者及劳动力市场网络、市场终端网络、关系网络和服务支撑网络。这些网络通道,使企业减少了搜寻、获取资源信息的成本。但是,这类租金优势体现在产业集聚的长期过程中,在短时间内不容易实现。对于河南省而言,其许多文化产业集聚区形成时间较长,享有网络租优势。例如,民权王公庄的画虎产业始于 20 世纪 80 年代初,基于长期的地缘与亲缘关系网络,一方面对传播画虎技巧十分有利,另一方面与画商、经纪人长期合作下已形成高度信任关系。这种关系网络产生的正外部效应越大,集群租金越多。[2]

---

① 王志标、侯贺、郎颖丽:《河南文化创意产业集聚研究》,研究报告,河南大学,2014 年,第 24 页。
② 王志标、侯贺、郎颖丽:《河南文化创意产业集聚研究》,研究报告,河南大学,2014 年,第 24 页。

第四节　优惠政策

一、优惠政策的基本理论分析

文化产业集聚的形成,与集聚地的政策有很大关系。过于严格的政策环境,会制约文化产业的内容创新,并给企业带来过高的交易成本;过于宽松的政策环境,则难以控制发展的方向或影响社会秩序,同样不利于文化创意企业的发展。[①] 因此,合适的政策能够为企业营造高质量的发展环境,吸引文化产业的集聚。

优惠政策涵盖的范围很广,包含吸引文化创意人才的政策、保护知识产权的政策、金融政策及信贷和税收政策等。对于文化产业中处于创业初期的企业,实力弱,缺乏资金和人才,优惠政策对它们来说非常有吸引力;对于发展中的企业甚至是壮大成熟的企业来说,优惠政策仍是文化产业集聚在某一区域的动因之一。[②] 比如,任何文化企业的发展,都离不开资金的支持。而企业资金的来源有两个方面:要么是在金融机构贷款,要么是靠财政拨款。大部分文化企业都是小微企业,存在有形资产少、无形资产评估质押难的特点,这直接导致其陷入融资难的困境。所以,政府的金融政策直接决定文化产业是否能健康发展。对此,政府联合各金融机构制定了一系列优惠政策,如北京银行设立了文创金融事业总部,首批成立了雍和、大望路 2 家文创专营支行和 19 家文创特色支行,积极打造文创信贷工厂。财政拨款主要用于发展公共文化事业,如图书馆、博物馆、纪念馆、广播、电视等。政府在公共文化服务购买方面的财政拨款份额在逐年加大。2016 年中央财政用于公共文化服务体系建设

---

① 王志标、侯贺、郎颖丽:《河南文化创意产业集聚研究》,研究报告,河南大学,2014 年,第24 页。

② 王志标、侯贺、郎颖丽:《河南文化创意产业集聚研究》,研究报告,河南大学,2014 年,第25 页。

的资金为 208.62 亿元①,2019 年达 225 亿元②,2021 年达 230.3 亿元③。

此外,欧盟对文化产业的资金支持主要侧重于基金支持。基金形式包括两种:结构基金和跨国基金。其中,结构基金是欧盟政策的重要工具,其额度占欧盟总预算的三分之一。跨国基金不支持国家层面的项目,所有获得支持的项目必须有欧洲合作者。

二、中国政府推动文化产业发展的优惠政策

(一)全国视角

中国政府推动文化产业发展的优惠政策大致经历了四个阶段:第一阶段是开创萌芽阶段,从 1978 年党的十一届三中全会开始,到 1992 年党的十四大之前结束。在这一阶段,政府的文化产业政策较少,主要以管制为主、允许发展为特点。第二阶段是起步发展阶段,从 1992 年党的十四大开始,到 2002 年党的十六大结束。在这一阶段,文化市场在国家有意识地运用文化产业政策的推动下得到发展,文化政策的特点表现为引导、培育和规范。第三阶段是扩展完善阶段,从 2002 年党的十六大开始,到 2012 年党的十八大结束。在这一阶段,文化产业不断发展壮大,文化产业政策也在开拓创新,如 2006 年文化产业真正走入中国公众的视野,这一年被定义为"文化创意产业元年"④。这一年各地纷纷提出发展文化产业的政策规划,北京、重庆、上海等地区都将文化

---

① 《中央财政 2016 年支持构建现代公共文化服务体系情况》,2016 年 8 月 25 日,见 https://www.sohu.com/a/112058927_114984。

② 包兴安:《财政部:2019 年中央财政安排公共文化服务体系建设相关资金 225 亿元》,2019 年 10 月 13 日,见 https://baijiahao.baidu.com/s? id = 1647282846066821392&wfr = spider&for = pc。

③ 魏金金:《2021 年中央财政安排公共文化服务体系建设相关资金 230.3 亿元》,2022 年 2 月 25 日,见 https://baijiahao.baidu.com/s? id = 1725720295527519679&wfr = spider&for = pc。

④ 2006 年北京市两会提出要大力发展文化创意产业。同年 5 月,我国创意产业领域的首部蓝皮书《中国创意产业发展报告》将这一年确定为中国创意产业的"元年"。见张京成:《中国创意产业的兴起与发展问题》,2019 年 2 月 21 日,见 http://www.71.cn/2019/0221/1034766.shtml。

产业写入"十一五"发展规划中，各个省市也出台一系列的优惠政策，以支持文化产业的发展。这一阶段的政策以鼓励和扶持为主。第四阶段是提质增效阶段，从党的十八大开始直到党的十九大之前。在这一阶段，中国进入全面深化改革的攻坚时期。如何在经济转型的关键时期贡献力量，成为文化产业发展中应该思考的问题。在这个背景下，文化产业与其他产业的深度融合成为发展的契合点，如 2014 年发布了《国务院关于推进文化创意和设计服务与相关产业融合发展的若干意见》①，这是中国第一次对这方面的问题出台系统性的文件。《意见》在政策措施方面将保护知识产权、培养创新人才放在重要位置，还采取一系列税收优惠政策鼓励文化创意企业的发展。具体如表 3-4 所示。第五阶段是高质量发展阶段，从党的十九大开始直到目前。在这一阶段提出了我国社会主要矛盾已经转化，要求文旅融合发展，以满足人民美好生活需要。文化部和国家旅游局的合并成为一个标志性事件。同时，在这一阶段更加重视中华优秀传统文化，出台了多个文件来保护物质与非物质文化遗产，并要求采取措施推动中华优秀传统文化创造性转化和创新性发展。例如，单是 2021 年就出台了《关于进一步加强非物质文化遗产保护工作的意见》和《关于在城乡建设中加强历史文化保护传承的意见》两个与文化遗产保护相关的文件。

表 3-4　中国文化产业不同发展阶段的政策比较

阶段	文化产业政策
第一阶段（1978 年 12 月—1992 年 9 月）：开创萌芽阶段	1978 年,财政部转批报社要求试行"事业单位属性,企业化管理"的报告; 1985 年,国务院办公厅首次确认了文化艺术的商品属性和产业属性; 1987 年,文化部、财政部和国家工商局联合颁布了《文化事业单位开展有偿服务和经营活动的暂行办法》,这成为推动体制内实施产业经营的重要文件; 1989 年,国务院批准在文化部设置文化市场管理局

---

①　《国务院关于推进文化创意和设计服务与相关产业融合发展的若干意见》（国发〔2014〕10 号）,2014 年 3 月 14 日,见 http://www.gov.cn/zhengce/content/2014-03/14/content_8713.htm。

续表

阶段	文化产业政策
第二阶段（1992 年 10 月—2002 年 10 月）：起步发展阶段	1992 年,国务院办公厅首次使用"文化产业"的叫法; 1993 年,中共中央正式将报刊经营列入第三产业; 1998 年,文化部设立文化产业司; 2000 年,国务院颁布了《关于支持文化事业发展若干经济政策的通知》,比较系统地提出了鼓励文化事业发展的财政、税收和金融政策
第三阶段（2002 年 11 月—2012 年 10 月）：扩展完善阶段	2003 年,中共中央政治局召开全国文化体制改革试点工作会议,确定了北京、上海等 9 个省市进行文化体制改革试点; 2004 年,文化部出台《关于鼓励、支持和引导非公有制经济发展文化产业的意见》,提出要进一步放宽市场准入,允许非公有制经济进入文化产业领域; 2006 年,中国出台第一部国家文化发展规划——《国家"十一五"时期文化发展规划纲要》; 2010 年,中宣部等 9 部门共同发布了《关于金融支持文化产业振兴和发展繁荣的指导意见》,这是第一个在国家层面上的文化金融政策性指导文件
第四阶段（2012 年 11 月—2017 年 10 月）：提质增效阶段	在文化科技方面,文化部发布《全国文化信息资源共享工程"十二五"规划纲要》,提出要加强服务,增加效益,将文化共享工程建成文化品牌工程;在小微文化企业方面,2014 年文化部等多部门出台了《关于大力支持小微文化企业发展的实施意见》,指出要打造良好发展环境、健全金融服务体系、完善财税支持政策等;在文化金融方面,2014 年,文化部等部门出台了《关于深入推进文化金融合作的意见》,指出要创新文化金融体制机制、创新文化金融产品等;在文化旅游方面,2016 年,国家发改委等部门出台《关于开展特色小镇培育工作的通知》,指出要培育 1000 个左右各具特色,集商贸物流、传统文化、美丽宜居于一体的特色小镇
第五阶段（2017 年 10 月至今）：高质量发展阶段	2021 年,中共中央办公厅、国务院办公厅印发了《关于深化国有文艺院团改革的意见》,力图通过改革激发国有文艺院团创新创造活力,繁荣发展社会主义文艺;2021 年,中共中央办公厅、国务院办公厅印发了《关于进一步加强非物质文化遗产保护工作的意见》,确认了非物质文化遗产的重要作用,提出了进一步加强非物质文化遗产保护的政策;2021 年,中共中央办公厅、国务院办公厅印发了《关于在城乡建设中加强历史文化保护传承的意见》,要求在城乡建设中系统保护、利用、传承历史文化遗产

（二）河南视角

在国家政策的指导下,河南省积极发展文化产业,制定了一系列的优惠政

策来扶持文化企业的发展。① 河南文化产业政策大致经历了四个阶段(见表
3-5):

第一阶段是酝酿发酵阶段(2005年之前)。2003年,中央开始启动文化
体制改革试点工作,虽然河南省并不在试点范围内,但河南省在执行国家相关
政策法规的同时制定了相应的地方性法规,如《河南省文化市场管理条例》
《河南省广播电视管理条例》和《河南省政府办公厅关于进一步整顿和规范文
化市场秩序的通知》等。也就是说,这一阶段的河南省文化产业政策主要以
规范文化市场秩序为主。

第二阶段是启动运营阶段(2005—2008年)。2005年,中央文化体制改
革试点工作结束,之后开始在全国范围内开展文化体制改革。② 在此背景下,
河南省出台了一系列政策文件,如2007年出台《关于加快文化资源大省向文
化强省跨越的若干意见》,2008年开始重点支持建设文化改革发展试验区和
评选文化产业示范园区。在这一阶段,河南省文化产业政策主要有两条主线:
一是推进国有文化企业进行文化体制改革,通过组建河南日报报业集团、河南
出版集团等5家文化企业集团和推动全省157家经营性事业单位顺利转制,
初步确立了现代文化市场格局;二是通过文化产业示范园区的建设促进文化
产业集聚。③

第三阶段是快速发展阶段(2009—2013年)。在这一阶段,河南省的文化
产业政策主要有三条路径:一是继续推进文化体制改革;二是继续建设文化产
业示范园区;三是实施文化产业"双十"工程④。为此,河南省出台了一系列政

---

①　王志标、侯贺、郎颖丽:《河南文化创意产业集聚研究》,研究报告,河南大学,2014年,第
25页。

②　宋朝丽:《河南文化产业政策:演进历程与体系完善》,《河南牧业经济学院学报》2019年
第2期。

③　宋朝丽:《河南文化产业政策:演进历程与体系完善》,《河南牧业经济学院学报》2019年
第2期。

④　"双十"工程即河南省选出10个重点文化产业园区和10个重点文化企业进行培育和
扶持。

策文件和扶持措施,如 2012 年颁布《打造华夏历史文明传承创新区实施意见》,2013 年印发《河南省文化产业"双十"工程实施方案》。此外,政府积极举办文化交流会,加强企业间的合作与沟通,如 2013 年在洛阳举行了"中国文化创意产业合作交流研讨会"。还比如,开封市人民政府积极引导各金融机构支持"开封宋都古城文化产业园"的发展,不断对金融产品进行创新,推出适合的信贷产品。① 还有许多文化产业园区推出优惠政策对园内的企业进行扶持。例如,对于园内有潜力的优秀企业,郑州金水文化创意园将由投资公司优先进行资金支持;对符合一定条件的投资者与文化创意企业负责人,郑州金水文化创意园将在其子女入学教育、户口迁移、人事档案的办理等方面给予帮助。② 在文化产业园区用地方面,郑州市人民政府专门出台政策,国土资源部优先安排文化产业项目用地;可利用闲置工业厂房、古建筑、老建筑等资源来发展文化产业,只要文化企业符合相关规定,就可以依法办理手续。③

　　第四阶段是拐点换挡阶段(2014 年至今)。从 2014 年开始,河南省制定了多项文化产业融合发展的政策。如 2014 年河南省文旅厅发布关于贯彻落实《国务院关于推进文化创意和设计服务与相关产业融合发展的若干意见》和《河南省新型文化业态发展专项资金管理使用办法》。在这一阶段,河南省文化产业注重特色发展,注重文脉的保护和中原特色文化的挖掘。此外,小微文化企业的融资问题开始得到重点关注,2014 年,河南省文旅厅发布《关于大力支持小微文化企业发展的实施意见》。关于融资方面,鼓励金融机构对企业放宽贷款条件。

---

① 王志标、侯贺、郎颖丽:《河南文化创意产业集聚研究》,研究报告,河南大学,2014 年,第 26 页。
② 王志标、侯贺、郎颖丽:《河南文化创意产业集聚研究》,研究报告,河南大学,2014 年,第 26 页。
③ 王志标、侯贺、郎颖丽:《河南文化创意产业集聚研究》,研究报告,河南大学,2014 年,第 26 页。

表 3-5　河南文化产业不同发展阶段的政策

阶段	文化产业政策
第一阶段(2005 年之前): 酝酿发酵阶段	2003 年,中央启动文化体制改革试点工作,河南虽不在试点范围内,但河南在执行国家相关政策法规的同时,也制定了相应的地方性法规,如《河南省文化市场管理条例》《河南省广播电视管理条例》和《河南省政府办公厅关于进一步整顿和规范文化市场秩序的通知》等
第二阶段(2005—2008 年):启动运营阶段	2005 年,河南省委、省政府共同制定了《河南省建设文化强省规划纲要(2005—2020 年)》; 2007 年,河南省委、省政府出台《关于加快文化资源大省向文化强省跨越的若干意见》; 2008 年,重点支持建设文化改革发展试验区和评选文化产业示范园区
第三阶段(2009—2013 年):快速发展阶段	2009 年,河南省人民政府出台《关于支持省级文化改革发展试验区建设的若干意见》; 2012 年,河南省委、省政府出台《打造华夏历史文明传承创新区实施意见》; 2012 年,河南省文化厅制定《关于促进全省文化产业园区持续健康发展的意见》; 2013 年,河南省人民政府印发《河南省文化产业"双十"工程实施方案》
第四阶段(2014 年至今): 拐点换挡阶段	2014 年,河南省文化和旅游厅发布关于贯彻落实《国务院关于推进文化创意和设计服务与相关产业融合发展的若干意见》; 2014 年,河南省文化和旅游厅发布《河南省新型文化业态发展专项资金管理使用办法》; 2014 年,河南省文化和旅游厅发布《关于大力支持小微文化企业发展的实施意见》; 2017 年,河南省人民政府发布《关于创建郑汴洛全域旅游示范区的实施意见》; 2020 年,河南省人民政府印发《关于加快乡村旅游发展的意见》; 2022 年,河南省人民政府印发《河南省"十四五"文化旅游融合发展规划的通知》

三、文化产业优惠政策对文化产业集聚的影响

文化产业优惠政策是文化产业集聚的加速器。根据前文文化产业集聚模式的分类来看,文化产业集聚有自发性的集聚形态。这种自发的文化产业集

聚是缓慢的,尤其是当文化产业具有社会公益性质时,此特点会特别明显。此时,在优惠政策的激励、引导下,会加速刺激民间资本进入,出现文化产业向特定地点快速集聚的现象。例如,开封之所以能成为国家级文化产业示范区,得益于开封市人民政府出台的大量优惠政策。对于重点文化产业项目,政府会出资建设,用实际效益的示范作用带动更多企业投资。[①] 还会通过税收减免、财政补贴等方式,提高文化企业的积极性。在文化产业专项资金的支持下,开封市建成了国家级文化产业示范园区,还有开封铁塔公园等 7 个省级文化产业示范基地。

第五节　建筑空间优势

一、文化产业建筑空间构成

建筑空间是一种实用性的空间,是人们按照某种活动要求,采用某些建筑手段组合方式创造出来的具有形象的建筑形式。[②] 文化产业的建筑空间注重功能性,按使用功能不同可将其分为专用空间、通用空间和服务空间,三种空间的特点如表 3-6 所示。

表 3-6　文化产业建筑空间的特点

建筑空间构成	类别	特点
专用空间	创作空间、办公空间等	使用者、空间功能均确定
通用空间	会议空间、展示空间等	使用者、空间功能均可变
服务空间	餐饮空间、休憩空间等	使用者可变、空间功能确定

---

① 宋艳琴:《推动文化产业集聚发展——河南文化改革发展试验区建设的经验与启示》,2012 年 2 月 23 日,见 https://wenku.baidu.com/view/bb8232f2ba0d4a7302763a77.html。
② 鲁黎明:《现代图书馆建筑功能空间的特性与组织》,《宁波教育学院学报》2011 年第 2 期。

第一,专用空间。专用空间是拥有确定的使用者和空间功能的空间。比如,创作空间和办公空间均属于专用空间,并且,创作空间是迸发创意的主要场所,与其他空间相互渗透。[①] 因为专用空间有内向型特征,所以设计此空间要注重舒适度,并营造能提高工作效率的环境。

第二,通用空间。通用空间是最有活力的空间,包括会议空间、展示空间等。它可以随工作需要随时改变自身功能,即通用空间的使用者和空间功能都可以变化。因为通用空间承载了人与人之间的交流、互动,具有外向型特征,所以此空间的设计要注重个性化,并营造富有安全感的氛围。

第三,服务空间。服务空间在文化产业发展中占有重要位置,包括餐饮空间、运动空间、休憩空间等。它的重要性来源于文化产业是知识密集型产业,文化从业人员相对其他行业人员承受的心理压力更大,从而带有人文关怀的服务空间显得尤为必要。它与专用空间的区别体现在它是被使用者共享的空间,而它与通用空间的区别在于它的空间功能确定。此外,虽然通用空间和服务空间均可被使用者共享,但前者侧重于工作共享,而后者侧重于休闲服务共享。

二、文化产业建筑空间优势

文化产业对工作场所的要求不同于其他产业,有着良好建筑空间优势的文化产业集聚区无疑会吸引更多的文化企业入驻。现在,在空间设计方面,文化产业集聚区形式越来越富有创意化与人性化,不再拘泥于传统的办公室模式,突破了格子间封闭单调的空间形式。[②] 文化产业建筑空间优势可概括为以下三点:

---

① 王志标、侯贺、郎颖丽:《河南文化创意产业集聚研究》,研究报告,河南大学,2014 年,第26 页。
② 王志标、侯贺、郎颖丽:《河南文化创意产业集聚研究》,研究报告,河南大学,2014 年,第26 页。

第一,空间功能的多样性。文化产业属于知识密集性产业,涉及的文化内容繁多,生产出的文化产品还要具有创新的特质,这对创意者的创作效率要求较高。为了减少创意者工作时不必要的精力浪费,就要满足创意者空间选择的自由性,充分赋予建筑空间功能的多样性。除了创意者需要的创作空间外,还可以设计一些生活休闲空间、展示交流空间等。① 目前,比较流行的 SOHO 空间就满足了空间功能的多样性。SOHO 是"Small Office and Home Office"的缩写,将其翻译过来是"小型办公室和家庭办公室"的意思。这种建筑空间是将办公和居家相结合②,使白领一族能够按照兴趣和爱好自由选择工作,不受时间和地点制约,也不受发展空间的限制,适合网页设计、音乐创作、平面制作、服装设计、自由撰稿、艺术家等职业,与文化产业所涉及的领域契合。③

第二,空间的可变性。文化产业链涉及的环节较多,各个环节高度协作才能保证文化创意的实现。在此基础上,要求建筑空间的空间布局具有可变性,以满足创意者在不同工作模式间自由切换的需求。此外,文化企业多为小微企业,人员流动性大。建筑空间的可变性,可以使企业更好地应对人员流失情况,为企业的发展预留足够的空间。并且,当企业成员之间信息交流的模式为组团"即时合作"时,建筑空间的可变性可以保证合作的即时性。目前,上海首创的 MOBO 式写字楼就符合空间的可变性。MOBO 的主旨是将空间合理利用,减少空间浪费,采取两大办公方式——"移动办公"与"分时办公",员工可以自由选择办公地点,在白天可以办公,在晚上可以展示产品、接待客户,这种建筑空间模式对于依赖创意的企业也是不错的选择。④

---

① 左茜:《当代文化创意产业建筑空间设计研究》,哈尔滨工业大学 2017 年硕士学位论文。
② 王志标、侯贺、郎颖丽:《河南文化创意产业集聚研究》,研究报告,河南大学,2014 年,第 26 页。
③ 王志标、侯贺、郎颖丽:《河南文化创意产业集聚研究》,研究报告,河南大学,2014 年,第 26 页。
④ 王志标、侯贺、郎颖丽:《河南文化创意产业集聚研究》,研究报告,河南大学,2014 年,第 27 页。

第三,丰富的空间形态。在不同的历史时期,社会对建筑空间形态的需求不同。工业革命时期,社会对办公室的需求较大。在现代,社会追捧简约风格的建筑空间。相关研究表明,建筑空间形态会影响创意者的心理情感与理念。若创意者长时间处于单一环境下,其焦虑感会增加。所以,丰富的空间形态成为建筑空间的优势之一。此外,丰富的空间形态不意味着个性化,也不意味着只彰显个体的审美情趣,而是能够让企业和个体结合起来,以达到既传承企业文化,又赋予个体人文关怀的目的。比如,当下比较流行的 LOFT 模式就具备丰富的空间形态。LOFT 在词典上的意思是"在屋顶之下、存放东西的阁楼",LOFT 空间是指那些"由旧工厂或旧仓库改造而成的,少有内墙隔断的高挑开敞空间"①,诞生于纽约苏荷创意产业园区。这种建筑空间的优势体现在:空间高大宽敞,既可以完全敞开,也可以借由自行设计进行分割;艺术情调浓厚,废弃工厂形成一种历史与现实、工业化与后现代艺术的强烈反差;有双层的复式结构,可将工作与居住相结合。②

本章小结

本章归纳总结出文化产业集聚的动因有五个:

第一,学习效应。文化产业中蕴含的主要知识类型为缄默知识。由于缄默知识的空间黏性,个体间面对面交流的社会关系网络促使学习效应的产生。此外,建立资源与信息交流、交互平台的社会关系网络也会促进学习效应的产生。学习效应通过提高企业的创新能力和集体效率,进而促进文化产业集聚的形成,它是文化产业集聚产生的根本动力。

---

① 王志标、侯贺、郎颖丽:《河南文化创意产业集聚研究》,研究报告,河南大学,2014 年,第27 页。
② 王志标、侯贺、郎颖丽:《河南文化创意产业集聚研究》,研究报告,河南大学,2014 年,第27 页。

第二,城市功能转型。城市功能转型是从低质态模式向高质态模式的转换,可以通过城市产业结构的优化升级得以实现。由于发展高附加值的制造业和服务业是现代城市发展的关键,所以,作为服务业的一部分,文化产业在城市功能转型的关键节点面临前所未有的机遇。

第三,集群租金。集群租金指的是文化产业集聚在特定空间内产生的收益减去机会成本后的部分①,也就是超额利润部分。从地域性、社会性和系统性三个维度将集群租金分为区位租、场域租和网络租。② 区位租对文化产业集聚的影响表现在自然资源禀赋、文化底蕴、生产技术和能力等方面。场域租对文化产业集聚的影响主要依赖于特殊的环境,比如人才环境、融资环境等。网络租对文化产业集聚的影响主要表现在其产生的复杂关系网络,降低了企业的寻找成本。

第四,优惠政策。优惠政策涵盖的范围很广,包含吸引文化创意人才的政策、保护知识产权的政策、金融政策及信贷和税收政策等。对于文化产业中处于创业初期的企业,实力弱,缺乏资金和人才,优惠政策对它们来说非常有吸引力。对于发展中的企业甚至壮大成熟的企业来说,优惠政策仍是文化产业集聚在某一区域的动因之一。③

---

① 王志标、侯贺、郎颖丽:《河南文化创意产业集聚研究》,研究报告,河南大学,2014年,第22页。
② 王志标、侯贺、郎颖丽:《河南文化创意产业集聚研究》,研究报告,河南大学,2014年,第23页。
③ 王志标、侯贺、郎颖丽:《河南文化创意产业集聚研究》,研究报告,河南大学,2014年,第25页。

第四章　文化产业集聚的运行机理

文化产业集聚区的运行机理是指在集聚区的形成和发展过程中,会对其造成影响的各种因素的结构、功能及其相互关系,以及这些因素产生影响、发挥功能的作用过程和作用原理。集聚区的运行机理包括其形成机理和发展机理两个方面。本章首先从影响文化产业集聚区区位选择的社会因素、环境因素以及制度因素三个方面探讨其形成机理;然后从集聚区内集聚主体之间网络组织结构的形成及其创新的视角对其发展机理进行研究;最后从集聚区发展的一般过程对其运行周期进行研究。

第一节　文化产业集聚区的形成和运行机理

影响文化产业集聚区形成和运行的因素众多,其形成和运行并不是某一因素单独发挥作用的结果,而是经济发展水平、租金水平、文化资源状况、创意环境、政府产业政策等众多因素错综作用的结果,根据这些因素的属性可以将它们归纳为社会因素(社会力)、环境因素(环境力)以及制度因素(制度力)三个方面。三种因素对文化产业集聚区的形成与运行的作用机理如图 4-1 所示。在图 4-1 中,社会力、环境力与制度力合成为复杂的作用力,这种合力在空间上表现为一个不规则的球面,对文化产业集聚区的形成和运行产生影响。

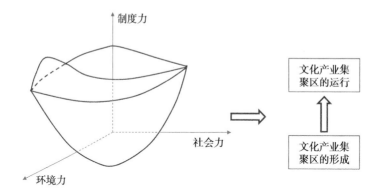

图 4-1　文化创意产业集聚区形成和运行机理

一、影响文化产业集聚区形成和运行的社会因素

社会因素是文化产业集聚区形成和运行的基础,社会因素主要包括以下四个方面:

(一)经济发展水平

这是文化产业集聚区形成和运行的决定性因素。一方面,一个地区的经济发展水平决定着该地区产业结构的高度。与一般的服务业相比,文化产业处于产业的高端,只有当一地的经济发展水平达到一定程度时,其才具备发展文化产业的经济基础。另一方面,当一地区经济发展水平使得人们基本物质需求得到满足时,人们在精神层面的需求就会相对突出。文化产业正是为人们提供精神消费的产业,较高的经济发展水平能够为文化产业的发展提供广阔的市场。

(二)基础设施建设状况

这是文化产业集聚区形成和运行的重要因素。便利的交通有利于文化创意企业运输产品和原材料,便捷的通信有利于文化创意企业与外界的交流,良好的供电供水系统是文化创意企业员工工作所必需的。基础设施建设是一种公共产品,对其共用可以使处于文化产业集聚区内的众多文化创意企业节省建设成本,提高基础设施的利用效率。只有完善的基础设施才能容纳和服务较多的文化创意企业,才能保证它们的正常运转。

(三)租金水平

租金水平对文化产业集聚区的形成和运行有着正面和负面的双重影响。一方面,低廉的租金在以创意人才的集聚带动创意企业的集聚为显著特征的许多自发形成的文化产业集聚区的形成过程中扮演着重要角色。对于刚刚成立的文化创意企业和还未成名的文化创意人才来说,他们的生活相对比较拮据,能够承担的租金水平有限,较高的集聚成本可能使他们望而却步,而低廉的租金能够减轻他们的生活压力,为他们安心创作提供支持,因而能够吸引他们选择在此类区域集聚。另一方面,随着集聚区的发展,租金水平会持续攀升,这会增加文化创意企业和文化创意人才的生活负担,迫使他们向其他地区转移,较高的租金水平成为一些文化产业集聚区衰落的原因。

(四)相关产业发展水平

这是文化产业集聚区形成和运行的重要支撑。产业链的形成和运营,使得产业的发展不再仅仅局限于某单一产业范围内,而要与相关配套产业协同发展。文化资源的开发需要大量的资金,这就要求有与之相配套的金融体系为其提供资金支持;文化创意企业的发展需要大量的文化创意人才,这就要求有与之相配套的教育和科研行业为其提供智力支持;文化创意产品的出版和发行要求有与之配套的印刷和出版行业提供技术支持。如果缺少了相关配套产业的发展,文化产业集聚区的形成和运转效率将大打折扣。

二、影响文化产业集聚区形成和运行的环境因素

环境因素是文化产业集聚区形成和运行的支撑,环境因素主要包括以下三个层面:

(一)思想观念环境

这是文化产业集聚区形成和运行的思想基础。创意的产生不但需要多样化的思维方式,而且离不开对外来事物的借鉴和吸收。只有以开放包容的价值取向来对外来事物中的精华进行吸收和对外来思想进行融合,才能形成多样化的思维方式,才有可能点燃创意之火。一地居民的消费观念也影响着文化产业的发展,开放和重视精神层面消费的消费观念能为文化产业的发展提供源源不断的需求。

(二)人才环境

这是文化产业集聚区形成和运行最基本的组成要素。文化产业与其他产业的不同之处在于其对创新意识较好和创新能力较高的综合性人才的依赖性比较强,人力资本是其集聚发展的核心要素。文化产业的发展,归根结底要靠文化创意人才的发展,尤其要靠其中"精英群体"推动作用的发挥。只有具备了高精尖的文化创意人才,才能为文化产业集聚区的持续发展提供取之不竭用之不尽的智力支持。

(三)文化资源环境

这是文化产业集聚区形成和运行的前提。文化资源是文化创意企业创作的对象,文化创意产品的生产和文化创意服务的提供都是对已经存在的文化资源的再加工、再创造;文化资源是文化创意企业发展的载体,只有具备并且合理利用丰富的文化资源,才能为文化创意企业持续发展提供源源不断的支

持;与众不同的文化资源是文化产业集聚区特色的根源;文化资源是文化创意企业赖以生存和发展的基础,没有丰富的文化资源而想要发展文化产业只会沦为空谈。

三、影响文化产业集聚区形成和运行的制度因素

制度因素是文化产业集聚区形成和运行的保障,制度因素主要体现在以下三个方面:

(一)政府部门的制度

这是文化产业集聚区形成和运行的重要指导。政府产业规划部门在综合考虑多种因素后制定的产业布局政策能够为文化产业的发展提供适宜其集聚发展的空间区域;其制定的产业发展政策能够为文化产业的发展提供优惠政策和明确的发展方向;政府监管部门制定的产业监管政策能够为文化产业的发展提供健康有序的发展环境;政府部门制定的知识产权保护法等法律法规能够有效保护文化创意人员和企业的利益;政府部门还能作为牵头人促进文化产业与其他产业融合发展。

(二)集聚区内的制度

这是文化产业集聚区形成和运行的调节器。众多的文化创意企业出于节约成本、共享基础设施、享受知识溢出效应和规模效应的考虑而选择在某一区域集聚,彼此之间既有竞争也有合作。文化创意企业基于比较优势而分工协作,有利于文化资源的合理分配和生产效率的提高;彼此之间的利益分享机制,是调解各方利益分配的指导;彼此之间基于共生机制而形成的统一的价值链,有利于文化创意企业利用集聚区的整体优势参与到激烈的市场竞争中,并依托整条产业链价值的提升来发展壮大自己。

（三）企业内部的制度

这是文化产业集聚区形成和运行的基本单位。众多的文化创意企业虽然处于同一集聚区内，但它们在企业内部组织结构、企业发展策略等方面却存在着差异，而这些又决定了文化创意企业在集聚区内的地位和作用。一般说来，规模大、实力强、内部制度较优的文化创意企业是集聚区内的领头者和风向标，其发展状况影响着整个集聚区的发展和运行。

第二节　文化产业集群网络结构的形成和创新

随着交易成本的提高以及分工的进一步细化，以生产环节为链接的直线型组织结构逐渐被以柔性化生产为特征的网络组织结构所替代。网络组织结构不仅有利于降低企业间的交易费用和生产的不确定性，而且有利于增强企业组织的活力和获取利用外部资源。文化产业集群网络结构是指集聚区内的企业、政府、高校科研机构、中介机构、金融机构等行为主体在分工协作、竞争、合作等活动中所形成的各种正式和非正式关系的总和，其形成和创新是处于网络中的各个节点共同作用的结果。

一、企业

这里所说的企业不仅包括文化创意企业，也包括为其提供支持的原材料供应企业、产品销售企业等上下游企业，它们是文化产业集群网络形成和创新的出发点和核心。它们是市场活动最直接的参与者，为了克服自身生产的局限性，它们往往寻求与其他企业合作，在此过程中形成的企业间的分工协作关系就构成了最初的网络组织结构。创新既是企业能够在激烈的竞争中获得生存和发展的前提，是企业持续发展的重要保证，也是企业核心竞争力的源泉，因而企业最具创新的动力。企业是创新的主体和最终实践者，它们通过自身产品、组织结构、生产工艺等的创新来推动整个网络结构的创新和升级。

二、政府部门

它们是文化产业集群网络形成和创新的主要推动者。政府部门作为产业集聚区的规划者为文化产业集群网络的形成创造了条件;作为社会信任机制的倡导者为文化产业集群网络提供了道德基础;作为基础设施的完善者为文化产业集群提供了良好的环境;作为文化创意企业与其他企业和机构之间合作的牵线者为文化产业集群奠定了基础;作为企业交流平台的构建者和信息的发布者为文化产业集群网络提供了支持;作为产业发展政策的制定者为文化产业向着网络组织结构发展指明了方向和实现路径。政府将一些重大科技研究成果作为公共物品提供给企业使用,以支持文化创意集群网络结构的创新,通过制定和完善知识产权为其提供法律保护,通过制定优惠政策为其提供支持。

三、高校和科研机构

它们是文化产业集群网络结构的重要组成部分。高校和科研机构作为知识、技术的支持者,能为文化产业提供其赖以发展的知识和技术;它们作为培训机构,能够为文化产业的发展提供人才支持;作为重要的学术研究力量,能为文化产业集群网络结构提供理论依据;它们的声誉也能够在一定程度上影响着文化产业集聚区的声誉。高校和科研机构是文化产业集群发展的重要驱动力量,它们是文化创意企业创新活动的原动力和重要的智力支持,它们通过文化创意企业作用于整个集群网络结构的创新。

四、中介机构

它们是文化产业集群网络结构的黏合剂。"中介组织是为增强产业集群的竞争力而从事的沟通、协调、公证、咨询等服务活动的专业性机构。"①中介组织既包括行业协会、同业公会等正式中介实体，也包括校友会、同乡会等非正式的中介实体，通过组织集体活动来促使集群成员之间进行分工协作，以实现各自的利益。中介机构有利于集群内的企业之间分享知识外溢效应；能够为集群内企业与外界进行交流与合作提供平台，使集群内企业获得新的、异质的信息，增加集群网络结构的异质性，是集群网络创新的主要辅助者。

五、金融机构

这是文化产业集群网络结构的重要组成部分。金融机构是文化产业发展所需资金的重要来源。一方面，文化创意企业可以通过向银行等金融机构贷款实现间接融资；另一方面，文化创意企业可以通过在金融市场上发行股票或债券实现直接融资。文化产业的创新需要大量的资金支持，而金融机构恰恰可以为其提供；金融市场的风险资本不仅可以为处于初创期的文化创意企业提供资金支持，促使其发展壮大，而且能促使新的文化创意企业的产生，而这些都是文化产业集群网络创新的重要途径。

第三节　文化产业集聚区的运行周期

如同产品和产业具有生命周期一样，产业集聚区作为企业集聚发展的整体在其运行中也显示生命周期的特征：当集聚区"向心力"形成时，集聚区会进一步发展壮大；而当集聚区"离心力"和"拥挤效应"出现时，集聚区则开始逐渐走向衰落。这种作用原理如图 4-2 所示。在图 4-2 中，圆形阴影区域表示文化产业集聚区，圆形内部的箭头表示离心力，圆形外部的箭头表示向心力。当向心力＝离心力时，文化产业集聚区便进入了一个均衡态；当向心力＞

---

① 王辉：《产业集群网络创新机制与能力培育研究》，天津大学 2008 年博士学位论文。

离心力时,文化产业集聚区开始扩张;当向心力<离心力时,文化产业集聚区开始收缩。因此,图4-2反映的是文化产业集聚区的动态。这种关系可以在现实中得到佐证,例如纽约曼哈顿艺术集聚区、北京798艺术集聚区等都体现了这一动态特点。河南的部分艺术集聚区,如石佛艺术公社正面临类似问题。

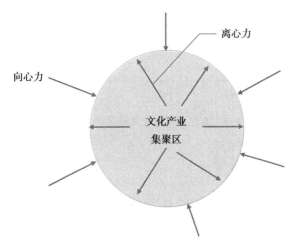

图4-2　文化创意产业集聚区动态图

根据文化产业集聚区发展过程中显示出的特征不同,可以将生命周期划分为形成期、成长期、成熟期、衰退期四个阶段,如图4-3所示。

一、文化产业集聚区的形成期(t_0—t_1)

在此发展阶段,集聚区的规模较小,且区内的基础设施有待完善,创意环境有待改善,与文化产业配套发展的上下游企业和为其提供服务的服务企业较少,整个集聚区的发展因缺乏统一的管理部门而显得混乱、无序。所包含的文化创意企业数量往往也只有屈指可数的几家,它们或由于低廉的租金水平,或由于丰富的文化资源而选择在某一区域集聚。文化创意企业之间既有竞争也有合作,但以竞争关系为主;文化创意企业与其他产业之间由于信任机制尚未形成而建立有不稳定的业务关系。在此阶段,企业的集聚仅仅是空间上的

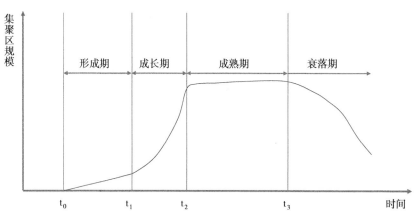

图 4-3　文化创意产业集聚区的生命周期

集聚。

二、文化产业集聚区的成长期(t_1—t_2)

在此发展阶段,随着集聚区内基础设施的完善、创意氛围的营造以及集聚区市场的逐渐改善,越来越多的文化创意企业、与之配套发展的上下游企业以及相关服务产业也向集聚区靠拢,集聚区规模开始扩张,"向心力"开始形成,规模效应和知识外溢效应开始显现,这使得集聚区成为文化创意人才、创意资源等的集中地,进而吸引更多的文化创意企业和文化创意人才来此集聚。文化创意企业开始认识到与同类企业分工协作在比较优势发挥、信息共享、产品设计和研发、资源优化配置以及企业效益等方面的重要性,而寻求与集聚区内的同类企业进行分工协作,彼此之间仍然既有合作又有竞争,但以合作为主。文化创意企业与其他产业之间开始形成基于生产环节的直线型的产业链条。

三、文化产业集聚区的成熟期(t_2—t_3)

在此发展阶段,集聚区的规模进一步扩张,规模效应、知识外溢效应达到了顶峰,集聚区内出现了企业家网络、劳动力网络、技术网络、投入—产出网络等网络结构,集聚主体之间基于共生机制而形成了分工明确的产业链:政府部门是集聚区发展的管理者,负责为产业链的发展提供政策支持、法律支持以及整个集聚区市场秩序的维护;中介机构是集聚区发展的推动者,负责为产业链条上的各产业(企业)之间的交流与沟通提供平台;高校和科研机构是集聚区发展的主要参与者,负责为产业链的发展提供智力支持、人才支持和技术支持;金融机构是集聚区发展的服务者,负责为产业链的发展提供资金支持;企业是集聚区发展的主体,负责产业链特色化、异质化发展的实现和核心竞争力的打造。

四、文化产业集聚区的衰落期(t_3以后)

集聚区不会永远扩展下去,当集聚区规模达到使其边际规模报酬为零的临界点时,集聚区内的"离心力"和"挤出效应"就开始显现:集聚区租金水平的持续上升,使得一部分企业因成本增加而搬离集聚区向其他地区转移;集聚区文化资源日渐减少甚至趋于枯竭,使得文化创意企业为获得后续发展而争夺有限的资源;文化创意企业之间同质化程度的加深,使得集聚区内的竞争更加激烈;企业数量持续增加,超出了集聚区的承载能力;这些因素大大分散和削弱了集聚区的力量,使得集聚区开始走向衰落。

本章小结

文化产业集聚区的形成和运行受到社会因素、环境因素和制度因素的影响。经济发展水平、基础设施、租金水平、相关产业发展水平是影响文化产业集聚区形成和运行的社会因素。思想观念环境、人才环境、文化资源环境是影响文化产业集聚区形成和运行的环境因素。政府部门的制度、集聚区内的制度、企业内部的制度是影响文化产业集聚区形成和运行的制度因素。

文化产业集群网络结构由企业、政府部门、高校、科研机构、中介机构、金融机构等组成。企业是文化产业集群网络形成和创新的出发点和核心;政府部门是文化产业集群网络形成和创新的主要推动者;高校和科研机构是文化产业集群网络结构的重要组成部分;中介机构是文化产业集群网络结构的黏合剂;金融机构也是文化产业集群网络结构的重要组成部分。

文化产业集聚的生命周期包括形成期、成长期、成熟期和衰退期等四个阶段。在形成期,文化产业集聚区开始形成,但是各方面都有待完善;在成长期,促使文化产业集聚的"向心力"开始形成,文化创意企业和文化创意人才进一步集聚;在成熟期,集聚区的规模进一步扩张,规模效应、知识外溢效应达到了顶峰,集聚区内出现了企业家网络、劳动力网络、技术网络、投入—产出网络等网络结构,集聚区内文化创意企业和文化创意人才达到顶峰;在衰落期,集聚区内企业数量超过了集聚区的承载能力,集聚区由此走向衰落。

第五章　文化产业集聚的适度规模

第一节　文化产业集聚区的规模度量

随着人民生活水平的提高,人民的文化需求日益增加。在这个背景下,文化产业的发展面临前所未有的机遇。政府相继出台各项政策支持文化产业发展,包括金融、财政、税收及其他各类服务政策。在市场、政策的双重作用下,文化产业迅速得到发展,大批文化产业集聚区得以涌现。其中,从宏观角度看,文化产业集聚主要是指文化产业在国家层面的集聚。从中观角度看,文化产业集聚主要是指文化产业在城市层面的集聚。而从微观角度看,文化产业集聚主要侧重指文化产业集聚园区①。本节文化产业集聚区的度量主要侧重于国家层面、城市层面的文化产业集聚情况,现从文化产业增加值、从业人员数、企业单位数等角度对此做如下分析。

一、文化产业整体呈高速增长态势

根据《2021 中国文化及相关产业统计年鉴》的数据绘制出 2014—2019 年中国文化及相关产业增加值及占 GDP 的比重,如图 5-1 所示。从图 5-1 中

---

① 何勇军:《文化产业集聚模式及其机制研究——基于系统动力学的实证分析》,天津大学 2013 年博士学位论文。

可知,2014 年中国文化及相关产业增加值为 24538 亿元,占 GDP 比重为 3.81%。2015 年的文化产业增加值比 2014 年增加 2697 亿元,占 GDP 的比重上升为 3.95%。从 2016 年开始,中国文化及相关产业增加值突破 3 万亿元,占 GDP 的比重超过 4%。截至 2019 年,中国文化及相关产业增加值增长到 45016 亿元,是 2014 年的近 2 倍。占 GDP 的比重增长到 4.54%,比 2014 年高 0.73 个百分点。总之,2014—2019 年中国文化及相关产业增加值及占 GDP 的比重呈现不断攀升的趋势。这说明我国文化产业迅速发展,对经济增长的贡献逐渐增加。

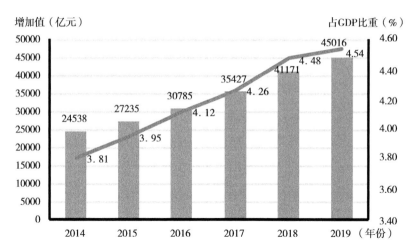

图 5-1　2014—2019 年中国文化及相关产业增加值及占 GDP 的比重

资料来源:《2021 中国文化及相关产业统计年鉴》。

　　文化产业按生产方式的不同可划分为文化制造业、文化批发和零售业、文化服务业三类。根据《2021 中国文化及相关产业统计年鉴》中 2004 年、2008 年、2013 年和 2018 年三类文化产业的从业人员数绘制出表 5-1。从表 5-1 中可知,2004 年文化制造业从业人员数为 500.29 万人,到 2018 年,从业人员数增加到 662 万人。对于文化批发和零售业而言,除了 2008 年从业人员数稍有减少之外,其他年份的从业人员数均在增加。对于文化服务业而言,它是文化产业发展中的黑马,其从业人员数由 2004 年的 301.47 万人增加到 2018 年的 1213.7 万人,2018 年是 2004 年的 4 倍有余。2004 年文化制造业、文化批发和零售业、文化服务业从业人员数占总体的比重分别为 57.29%、8.19% 和 34.52%。随着文化产业的发展,2018 年文化制造业的从业人员数所占比重下降为 32.2%,文化批发和零售业的从业人员数比重基本保持不变,仍为 8% 左右,而文化服务业从业人员数所占比重已经上升到接近 60%。这说明文化产业的发展重心在逐步转移,已经由原来以文化制造业为主导转换为以文化服务业为主导。

表 5-1　文化及相关产业不同构成的从业人员数比较 　（单位:万人）

年份	文化制造业	文化批发和零售业	文化服务业
2004	500.29	71.5	301.47
2008	508.14	63.59	436.49
2013	805.5	146.1	808.4
2018	662	180.1	1213.7

资料来源:《2021 中国文化及相关产业统计年鉴》。

《2021 中国文化及相关产业统计年鉴》显示,2014—2019 年中国"旅游热"居高不下。其中,2014 年仅接待国内游客 36.1 亿人次,之后保持在每年增加 4 亿人次左右的幅度,直到 2019 年,国内游客数量已经增加到 60.1 亿人次。2014—2019 年国内旅游收入逐年增加,这其中固然有通货膨胀因素的影响,但因为年份较近,数据仍然可以作为旅游业发展情况的参考。2014 年国内旅游收入 30311.9 亿元,2015 年增加将近 3900 亿元。其他相邻年份的增加量至少为 5194.9 亿元,直到 2019 年,国内旅游收入已增长到 57250.9 亿元。2014—2019 年国内游客和国内旅游收入的具体情况见表 5-2。同期,入境游客数量从 2014 年的 1.28 亿人次逐年增长到 2019 年的 1.45 亿人次,呈缓慢增长趋势。① 一方

---

①　《2020 年中国国际旅游行业入境游客数量和国际旅游外汇收入》,2021 年 4 月 19 日,见 https://baijiahao.baidu.com/s? id=1697453112564701655&wfr=spider&for=pc。

面,旅游业的高速发展得益于国家经济水平的提高,人民越来越重视精神层面的需求;另一方面在于政府的政策扶持,近年随着经济转型,各地普遍重视旅游业的带动作用。2020年,受新冠肺炎疫情影响,旅游业也受到波及,国内旅客相比2019年减少31.3亿人次,国内旅游收入相应减少34964.6亿元。

表5-2 2014—2020年中国旅游业发展情况

年份	国内游客(亿人次)	国内旅游收入(亿元)
2014	36.1	30311.9
2015	40	34195.1
2016	44.4	39390
2017	50	45660.8
2018	55.4	51278.3
2019	60.1	57250.9
2020	28.8	22286.3

资料来源:《2021中国文化及相关产业统计年鉴》。

二、文化产业区域发展不均衡

根据我国的区域经济发展水平与地理位置等综合情况,我国被划分为三大经济地区,分别是东部地区、中部地区和西部地区。其中,东部地区包括北京、天津、上海等11个省(自治区、直辖市);中部地区包括山西、吉林、黑龙江等8个省(自治区、直辖市),西部地区包括四川、重庆、贵州等12个省(自治区、直辖市)。为了判断文化产业的区域聚集情况,现从规模以上文化及相关企业单位数、年末从业人员数以及营业收入三方面展开说明,数据情况如表

5-3 所示。无论从哪种数据角度看,中国文化产业发展均呈现出区域不平衡状态。其中,东、中部地区的文化产业集聚情况显著优于西部地区。这主要是因为东、中部地区具有资源优势、交通优势、政策优势。下面展开具体分析。

表 5-3　2010 年东、中、西部地区规模以上文化及相关企业基本情况

		企业单位数 (个)	年末从业人员数 (万人)	营业收入 (亿元)
东部	北京	5199	56.03	14944.03
	天津	888	6.81	1654.43
	河北	1331	13.43	895.67
	辽宁	776	11.98	689.73
	上海	3548	40.69	9050.26
	江苏	8191	106.35	11161.85
	浙江	5406	58.00	11700.10
	福建	3522	43.28	5313.05
	山东	2648	37.59	4966.44
	广东	9925	160.43	18043.76
	海南	193	2.63	665.61
中部	山西	339	3.68	254.78
	吉林	231	2.35	128.40
	黑龙江	247	2.46	118.64
	安徽	2392	22.45	2689.92
	江西	1957	26.32	2490.47
	河南	2897	33.47	2326.32
	湖北	2967	36.60	3796.34
	湖南	3744	39.09	3268.43

续表

		企业单位数（个）	年末从业人员数（万人）	营业收入（亿元）
西部	四川	2090	28.94	4078.59
	重庆	1114	15.11	1714.14
	贵州	540	4.98	362.40
	云南	691	7.49	681.33
	西藏	32	0.26	24.84
	陕西	1646	12.39	1034.04
	甘肃	190	1.96	102.94
	青海	52	0.62	17.78
	宁夏	73	1.04	47.15
	新疆	265	1.71	236.01
	广西	731	8.43	910.77
	内蒙古	168	1.70	96.86

资料来源:《2021 中国文化及相关产业统计年鉴》。

从规模以上文化及相关企业单位数角度看,排名前十的省(自治区、直辖市)是广东、江苏、浙江、北京、湖南、上海、福建、湖北、河南和山东。其中,7 个省(自治区、直辖市)属于东部地区,3 个省(自治区、直辖市)属于中部地区。并且,排在前七位的省(自治区、直辖市)除了湖南之外,剩余的均属于东部地区。这说明东部地区的文化产业规模优势明显,中部地区较弱,而西部地区最差。

从规模以上文化及相关企业年末从业人员数角度看,最高的是广东,达到160.43 万人。其次是江苏,达到 106.35 万人。不仅如此,排名位于第三、第四、第五的省(自治区、直辖市)也均为东部地区。此外,排名后五位的省(自治区、直辖市)都属于西部地区。年末从业人员数最少的是西藏,为 0.26 万人,仅是广东年末从业人员数的 0.16%。这仍然说明,中国文化产业区域发展严重不均衡,东部地区文化产业体量大,西部地区文化产业的发展空间还很大。

　　从规模以上文化及相关企业营业收入角度看,排名在前十位的省(自治区、直辖市)是广东、北京、浙江、江苏、上海、福建、山东、四川、湖北和湖南。除了部分省(自治区、直辖市)的顺序稍有调换之外,这个排名与企业单位数排名基本一致。此外,河南跌出前十,由西部地区的四川替代。但排名在后五位的省(自治区、直辖市)依然属于西部区域。这说明东、中、西部文化产业发展呈现地域不平衡状态。

三、文化产业融合发展成为大趋势

　　随着5G、物联网、云计算、区块链等新兴技术的出现,文化产业呈现出多向交互融合态势。比如,文化与互联网融合,形成"文化+互联网"新业态。它意味着文化与科技的融合,突破了产业界限。文化与旅游融合,形成"文化+旅游"新业态。它不仅有利于优秀文化的传承,也有利于旅游产业转型升级。各地政府通过采取各种措施,充分利用文化产业新业态,使其成为促进文化产业发展的新增长点和推动产业转型升级的新动力。以下以"文化+互联网"为例说明文化产业融合发展趋势。

　　根据中国互联网络信息中心公布的第49次《中国互联网络发展状况统计报告》,截至2021年12月,中国网民规模达10.32亿人,较2020年12月增加4296万人,互联网普及率达到73.0%。[1] 近年来,网络新闻用户持续增长的原因是网络新闻媒体顺应时代发展需要,不断创新报道形式,或者通过打造视频传播矩阵等方式,为用户带来了更加直观的新闻体验。比如,2020年年初武汉抗击新冠肺炎疫情期间,中央广播电视台通过"慢直播"[2]方式报道火神山、

---

　　[1]　《第49次〈中国互联网发展状况统计报告〉》,2022年2月25日,见 http://www.cnnic.cn/hlwfzyj/hlwxzbg/hlwtjbg/202202/t20220225_71727.htm。

　　[2]　指借助直播设备对实景进行超长时间的实时记录并原生态呈现的一种直播形态。

雷神山医院建设情况,引发社会各界"云监工"①热潮。再如,多家媒体以视频账号为依托,形成热门栏目,并在哔哩哔哩、微博等平台推送,获得了良好效果。

《报告》显示,中国网络娱乐类行业继续保持较快发展势头。其中,2020年,中国网络游戏市场实际销售收入为2786.87亿元,较2019年增加了478.1亿元,同比增长20.71%。截至2020年12月,中国网络音乐用户规模达6.58亿人,比2020年3月增加2311万人,比2018年12月增加8265万人,比2016年12月增加超1.5亿人。网络音乐用户规模的持续增长得益于两个方面。一方面,得益于行业加速技术融合,拓宽应用场景,如咪咕音乐在珠穆朗玛峰举办"5G+VR"全景演艺直播,实现了联动虚拟偶像、异地连线同屏等技术应用。另一方面,得益于平台致力于扶持原创作品的政策,如为了全方位扶持原创音乐人,为其提供线上专属主页、原创榜单、歌曲推荐和专辑制作等。截至2020年12月,中国网络文学用户规模达4.60亿人,比2020年3月增加475万人,比2018年12月增加2812万人,比2016年12月增加超1.2亿人。网络娱乐行业的持续发展,为传统娱乐业注入了新活力。

第二节　文化产业集聚区适度规模的理论阐释及其背离后果

一、产业集聚规模的理论回顾

(一)产业集聚最佳规模论

美国经济学家埃德加·胡佛于20世纪30年代提出了集聚体的最佳规模论。② 他将集中在一定范围内的企业所产生的规模经济定义为产业集聚体的

---

① 通过直播镜头见证火神山、雷神山医院的建设进度。
② 《产业集聚最佳规模论》,2016年7月2日,见 https://baike.so.com/doc/4021696-4219036.html。

规模经济,并将其划分为三个层次:第一个层次是单一经济单位的规模经济;第二个层次是联合企业的规模经济;第三个层次是由某一产业在一定地理空间范围内集聚形成的规模经济。这三个层次的经济达到最大产值时的规模分别称为区位单位最佳规模、企业联合体最佳规模和产业集聚体最佳规模。其中,产业集聚体最佳规模论的含义是产业集聚体并不是越大越好,而是存在一个最佳规模。规模过大,会导致集聚区的经济效益、社会效益不升反降,而规模过小,又无法充分发挥集聚效应。

(二)产业集聚周期理论

奥地利经济学家蒂希(Tichy)于 1998 年提出产业集聚周期理论,认为产业集聚生命周期有四个阶段——产生、成长、成熟和衰退。① 其中,在产生阶段,集群内企业可通过知识溢出、资源共享等产生规模经济。在成长阶段,集群发展迅速,资源开始大量集中。在成熟阶段,企业开始追求规模生产,同质化产品致使竞争加剧,利润减少。在衰退阶段,创新停滞导致规模不经济。因此,产业集聚效应在规模达到一定程度时开始减弱,直至为负。日本经济学家藤田昌久在集聚周期模型中指出,产业集聚是规模经济和拥挤效应共同作用的结果。在集聚初期,规模经济大于拥挤效应,企业会高速聚集。之后,聚集导致拥挤效应增加。当规模经济和拥挤效应刚好相等时,集聚规模为最优规模。一旦规模超过最优点,规模经济小于拥挤效应,集聚效率降低,效益不好的企业会被排除在外。②

---

① G.Tichy,"Clusters,Less Dispensable and More Risky Than Ever",in M.Steiner,*Clusters and Regional Specialisation*,London:Pion Limited,1998,pp.226-237.
② [日]藤田昌久、[比]蒂斯:《集聚经济学:城市、产业区位与全球化》,石敏俊等译,格致出版社 2016 年版,第 301 页。

二、产业集聚规模的理论分析

(一)概念界定

由产业集聚体最佳规模论和产业集聚周期理论可知,集聚规模有一个"适度"的概念。对于"产业集聚适度"的定义,学者已从利润最大化的角度给出权威解释。设利润增量 $\Delta R = Y\Delta Y - X\Delta X$, Y 为单位产出价格, ΔY 为单位产出增量, X 为单位规模成本, ΔX 为规模增量。在产业集聚初期,利润增量 ΔR 大于0,且逐渐增加,直到集聚规模达到 B 点。当集聚规模超过 B 点后,利润增量 ΔR 仍大于0,但开始递减,直到集聚规模达到 D 点,利润增量 ΔR 减为0。此时,利润达到最大值,对应的集聚规模即为"集聚适度"规模。"集聚适度"规模具体如图5-2所示。

根据"产业集聚适度"的概念,类推出"产业集聚过度"和"产业集聚过小"的定义。当集聚规模超过 D 点,集聚产生的利润增量 ΔR 小于0时,集聚规模的变大使利润不升反降,此时的规模即为"过度"规模。而当集聚规模小于 D 点代表的规模时,只要增加产业集聚规模,就会使利润增加,因此小于 D 点的集聚规模均为"过小"规模。

(二)文献梳理

产业集聚不仅能带来正外部性,也能带来负外部性。国内外学者对此的研究主要集中在威廉姆森假设研究和拥挤效应研究。第一,威廉姆森假设研究。威廉姆森(Williamson)认为在国家或地区经济发展的初期,由于基础设施落后,空间集聚的正外部性较大。而当集聚达到一定程度时,基础设施不断完善,负外部性会逐渐显现。[1] 布鲁哈特和斯贝加密(Brulhart 和 Sbergami)运

① J.G.Williamson,"Regionnal Inequality and the Process of National Development",*Economic Development and Cultural Change*,Vol. 13,No. 4(1965),pp. 1-84.

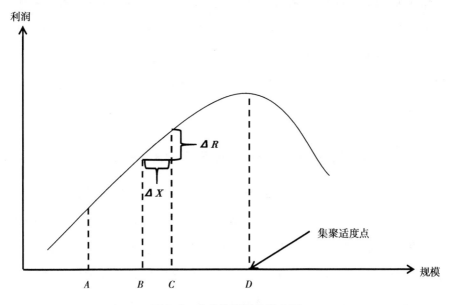

图 5-2　产业集聚适度界定图

用工具变量法证实了威廉姆森的结论。[1] 孙浦阳等[2]、谢品等[3]、刘修岩等[4] 运用不同方法所做研究支持了威廉姆森的观点。第二,拥挤效应研究。二神孝一和大日康史(Futagami 和 Ohkusa)研究了集聚与生产率之间的关系,发现产业集聚规模过大和过小对生产率的作用都不明显。[5] 布勒斯玛和奥斯特黑文(Broersma 和 Oosterhaven)运用面板数据研究了集聚对劳动生产率的影响,

① M.Brulhart, F.Sbergami, "Agglomeration and Growth: Cross-Country Evidence", *Journal of Urban Economics*, Vol. 65, No. 1(2009), pp. 48-63.

② 孙浦阳、武力超、张伯伟:《空间集聚是否总能促进经济增长:不同假定条件下的思考》,《世界经济》2011 年第 10 期。

③ 谢品、李良智、赵立昌:《江西省制造业产业集聚、地区专业化与经济增长实证研究》,《经济地理》2013 年第 6 期。

④ 刘修岩、邵君、薛玉立:《集聚与地区经济增长:基于中国地级城市数据的再检验》,《南开经济研究》2012 年第 3 期。

⑤ K.Futagami, Y.Ohkusa, "The Quality Ladder and Product Variety: Larger Economies May Not Grow Faster", *Japanese Economic Review*, Vol. 54, No. 3(2003), pp. 336-351.

同样证实了拥挤效应的存在。① 国内学者对拥挤效应的研究基本集中在集聚与全要素生产率的关系上,结果均显示拥挤效应存在。周圣强和朱卫平通过实证分析,证明了集聚与全要素生产率之间存在倒 U 型关系。② 沈能等基于面板数据的研究表明,生产率会随着产业集聚度的提高呈现先升后降的结论。③

三、文化产业基金背离适度规模的后果分析

面临经济结构调整和产业转型的压力,不少地方政府日益将目光投向文化产业。在这新一轮文化产业发展热潮中,容易被忽视的一个问题是文化产业的发展规模究竟是否有限度。在过去的研究中,通常认为,文化资源是可再生的,因此不存在发展的瓶颈,所以也不需要限制文化产业的发展规模。但是,不限制产业规模产生了令人不愿看到的后果,表现在文化资源的迅速消耗和文化产品难以在市场出清。而且,单纯规模性发展不利于打造文化精品。因此,文化产业应保持适度规模发展。对此,具体分析如下。

(一)规模过度导致文化资源迅速消耗,文化市场难以出清

文化产业并非一个"单质"的产业,而是由若干产业组合而成的产业集合,这在不同国家有不同的规定,中国的文化产业范围遵循中国国家统计局发布的《文化及相关产业分类(2012)》。由分类可以看出,文化产业包括了两类产业,其中一类产业生产物质化的文化产品,另一类产业提供非物质化的文化产品。联合国教科文组织将前一种文化产品称为文化商品,将后者称为文化

---

① L.Broersma,J.Oosterhaven,"Regional Productivity in the Netherlands: Evidence of Agglomeration and Congestion Effects",*Journal of Regional Science*,Vol. 49,No. 3(2009),pp. 483−511.

② 周圣强、朱卫平:《产业集聚一定能带来经济效率吗:规模效应与拥挤效应》,《产业经济研究》2013 年第 3 期。

③ 沈能、赵增耀、周晶晶:《生产要素拥挤与最优集聚度识别——行业异质性的视角》,《中国工业经济》2014 年第 5 期。

服务。就生产文化商品的文化产业而言,例如传统工艺美术品行业需要使用一定的有形文化资源投入。如果该产业不存在进入壁垒,那么随着文化企业数量的增长,其所消耗的有形文化资源总有可能耗竭,进而使该产业出现不可持续性。就提供文化服务的文化产业而言,虽然其投入的生产要素不会出现耗竭问题,但是过多的文化企业会导致市场竞争加剧,从而引发"竞次"过程,最终影响所提供文化服务的质量。

市场出清能够保证文化市场的"无噪音"运行。文化市场出清要求文化产业中文化企业所提供的文化产品能够与消费者的文化需求保持一致。但是,在不限制文化产业规模的情况下,文化企业的过度生产会使文化市场出现"供大于求"的非均衡状态。过去的文化政策偏向于对文化生产的激励,例如针对特定文化产业实施的补贴和奖励政策,这些政策对促进文化产业的发展和扩大全社会文化产品的供给无疑起到了积极的作用。但是,由于文化消费没有得到有力刺激,所以文化消费难以跟上文化生产的规模和速度,这就使文化部门无法顺利实现其价值,进而会影响文化再生产运动。

从产业集聚的抑制因素角度看,规模过大会导致集聚不经济。文化产业发展需要土地资源、水资源等基础要素。跟工业比较,文化产业对土地和水资源的依赖较弱,但这些资源仍不可或缺。尤其是当城市用地紧张、资源稀缺时,过大的文化产业集聚规模,必然导致集聚不经济。而且,文化产业集聚规模过大,会增大城市基础设施和配套设施的承受能力,摩擦增多,导致外部不经济。此外,文化产业集聚规模过大时,会挤占居民的生活空间,且增加其交通费用,严重的甚至会提高房租水平。也有学者认为,随着产业集聚规模的不断扩大,郊区化是一种必然趋势,这会增加居民或企业迁出城市的成本。总之,产业集聚规模变大时,集聚成本也在逐步提高。当集聚利益小于集聚成本时,企业就会从集聚区中迁出,集聚规模随之变小。

（二）规模过小导致文化产品供给不足，不利于文化产业可持续发展

文化市场的供需矛盾决定了文化产业应保持适度规模，规模太小，产业形不成气候，对经济结构调整和产业转型的贡献不足，不利于文化产业的可持续发展。不管是从增加值角度，还是其他角度来看，中国文化产业的发展都势头强劲。但随着消费升级以及全民文化意识的提升，文化产品的供给缺口仍较大。目前，文化产品供给依然没有完全满足人民日益增长的文化需求。当文化产业集聚规模过小时，由集聚产生的乘数效应、群聚效应、产业链效应和知识溢出效应等"优势"效应要大于拥挤效应。此时，集聚能够产生正外部性，增加集聚规模，提高劳动生产率，加速信息流动，带来溢出效应。所以，有必要在集聚规模过小时，采取措施增加文化产业集聚规模。

第三节 文化产业集聚区保持适度规模的政策措施

要推动文化产业的适度规模发展，可以从调控文化生产者数量和调整文化市场秩序两个方面入手。对文化生产者数量的调整又包括了对"入位""在位""退位"三类企业的调整。

一、完善文化市场准入和退出机制

有些文化产业之所以声誉日下的一个重要原因就在于缺乏必要的准入和退出机制。一方面，无论什么人想进入该产业都能快速进入，这导致一些"低劣品"的出现。低劣的文化产品甚或假冒的文化产品盛行后就会引发"劣币驱逐良币"现象，使文化市场陷入坏声誉的恶性循环之中，最终毁灭该文化产业。另一方面，进入某一文化产业的企业数量过多会使该产业的拥挤成本不

断增加,最终冲抵甚至超过因行业规模扩大而产生的外部规模经济效应。拥挤成本表现在随着该产业竞争加剧,在文化生产要素领域的议价能力不断削弱,物质化生产要素的供给和使用都会出现紧张态势,同时,该产业因提供的文化产品数量过多而不得不大打"价格战"。因此,即使文化企业会因该行业企业数量增加所诱发的外生技术进步而降低成本,却可能因生产要素的断档或"价格战"而陷入资金循环的困境。这样,该产业的外部规模经济会因拥挤成本过大而转化为外部规模不经济。

完善文化市场准入和退出机制包含了两个方面的内容:一是完善文化市场的准入机制。通过专业化程度较高的中介组织或者行业协会对申请新设的文化企业进行评估,以判断其是否具备有效率利用文化资源和保证所提供文化产品质量的能力。只有同时具备两个方面的条件,才允许新文化企业进入该产业。需要注意的是,由于文化产业以小微文化企业为主,所以不适合以资金门槛作为文化企业的进入壁垒。二是完善文化市场的退出机制。针对在位文化企业进行评估,如果其文化产品质量达不到标准,那么应督促该企业自动从其所在产业退出。有文化市场进入和退出机制的保证,文化产业才能实现自身生命体的新陈代谢。

二、加强对文化市场秩序的监管

文化产业发展中有利时"一哄而上"导致文化市场秩序混乱的一个原因在于政府对文化市场秩序的监管力度不够。一是文化市场具有其特殊性,这种特殊性既与文化产品的精神属性相关,又与文化产品对特定知识提出的要求相关。因此,对文化市场执法人员的专业素质要求较高。二是文化产业以小微文化企业为主体,小微文化企业具有分散性的特征。这一特征决定了对文化市场秩序的监管有很大的难度。尽管如此,仍然有必要加强文化市场秩序的监管,以维持行业秩序,保证文化市场的有序和规范运行。倘若不加监管,由利润所激发的企业热情难免因为混乱的市场秩序而不断退去,最终使得文化产业丧失发展的动力。

加强对文化市场秩序的监管蕴含着三个方面的要求。一是建设文化市场诚信体系。银行、保险公司、资产交易中心等与文化企业有业务往来的单位应保留文化企业档案,并向与该文化企业有着某种联系的利益相关者公开,以实现由单维监管向多维监管乃至全社会监管的转变。通过这样的监管可以使失信企业在文化产业中难以有立足之地,而且由于企业信用的播散,消费者可以选择更满意的文化产品进行消费。二是营造公平竞争的市场环境。经济学认为,公平竞争的市场是一种比较理想化的市场,在不同市场环境中工作的人效率有很大差异,但是对来自公平竞争市场的赢者而言,其效率必然高于输者。借助于市场的竞争机制,可以实现文化企业的优胜劣汰,达到文化产业维持适度规模发展的理想结果。三是拓展文化市场执法的范围。在文化部颁布的《文化市场综合行政执法管理办法》中未明确文化市场执法的职能范围,因此各地据此制定了本地区执法的范围,其范围各不相同,且都没有包含整个文化市场。将来应探索更大范围内的文化市场执法协作,由文化市场执法队伍与其他执法队伍、行业协会进行专业化协作,共同应对一些复杂的文化市场秩序问题。通过加强文化市场执法,可以有效打击从事违法犯罪活动的文化企业,激发其他文化企业积极向上的干劲和精神。

三、推动文化企业间的整合

外部规模太大,容易引发文化企业争夺文化资源的"消耗战"。换一个思路看,可以推动文化企业内部向适度规模发展。之所以如此,在于文化产业以小微文化企业为主。根据国家统计局于 2015 年 4 月 27 日发布的数据,2013年年末全国小微文化企业 77.3 万个,占全部文化企业的 98.5%,但其营业总收入仅占行业收入的 45.7%。[①] 数据反映出,小微文化企业的经营状况不容

---

① 国家统计局仅公布一次,后未见更新数据。苏丹丹、蔡萌:《国家统计局首次发布小微文化企业统计数据》,2015 年 4 月 28 日,见 https://www.mct.gov.cn/whzx/bnsj/whcys/201504/t20150428_759921.html。

乐观。小微文化企业因资金短缺和缺少文化创意人才在研发和创新方面力不从心,所生产的文化产品在市场缺乏竞争力。从笔者调研情况看,部分文化行业缺少领军型的文化企业。因此,有必要推动文化企业间的整合。

推动文化企业间的整合体现在两个方面。一是推动小微文化企业间的联合与协作。联合与协作可以采取多种形式,例如联合研发新产品或新技术,在文化产品供给类型方面的分工,共同使用同一商标,技术人员的相互流动和借用,实现知识与信息的共享等。通过联合与协作可以提高小微文化企业的创新能力和抵御风险的能力,减少重复性劳动,实现技术相互溢出,提高企业生产效率。二是推动文化企业间的兼并与重组。兼并与重组应遵循市场原理,可以采取出资购买式、合并式、控股式、授权经营等多种形式。兼并与重组可以发生在小微文化企业之间,也可以发生在大型或中型文化企业与小微文化企业之间。通过兼并与重组,小微文化企业可以成长为中小文化企业,逐步实现内部规模经济,增强创新活力,提高文化产品的竞争力。

本章小结

针对国家层面、城市层面的文化产业集聚情况,从文化产业增加值、从业人员数、企业单位数等角度进行分析。通过查阅中国文化及相关产业统计年鉴总结出国家层面文化产业集聚特点:中国文化产业整体呈高速增长态势;中国文化产业区域发展不均衡;文化产业融合发展成为趋势。

对文化产业集聚区保持适度规模的原因进行了分析论证。首先介绍了产业集聚最佳规模论和产业集聚周期理论。其次,在理论基础上对产业集聚适度规模、过度规模和过小规模做了界定,并对国内外学者的相关研究做了梳理。最后,进行了文化产业基金背离适度规模的后果分析,即规模过度导致文化资源迅速消耗,文化市场难以出清,规模过小导致文化产品供给不足,不利于文化产业可持续发展。

提出了文化产业集聚区保持适度规模的政策措施。第一,完善文化市场准入和退出机制。这主要包含两个方面的内容:一是完善文化市场的准入机制;二是完善文化市场的退出机制。第二,加强对文化市场秩序的监管。这蕴含着三个方面的要求:一是建设文化市场诚信体系;二是营造公平竞争的市场环境;三是拓展文化市场执法的范围。第三,推动文化企业间的整合。这体现在两个方面:一是推动小微文化企业间的联合与协作;二是推动文化企业间的兼并与重组。

第六章　河南文化产业集聚水平测算

第一节　产业集聚水平测算方法

产业集聚是生产相同产品的企业以及与这些企业配套的上下游企业和相关服务业在某一地理范围内的高度集中。从微观角度看,它通过知识溢出效应,使集聚区企业更容易获得行业需要的信息、技术,以此促进企业的发展壮大。从宏观角度看,产业集聚产生的集聚效应、协同效应、结构效应等,对产业的布局和发展有着重要影响。更进一步说,产业集聚能促进更多的就业,使一国的经济实力增强,进而使国家产生比较优势。总之,产业集聚的经济效应突出。这促使大量学者围绕产业集聚展开研究,研究的角度主要有产业集聚的性质、形成条件、测算方法及效应等。其中,关于产业集聚的性质、形成条件等侧重于定性研究,研究较为成熟。而对于产业集聚水平的测算方法基本为定量分析,且研究方法在逐步完善。

关于产业集聚水平的测算方法,国内学者倾向于定量研究。李扬运用区位熵、空间基尼系数和行业集中度指数三种方法,测算了中国西部地区产业集聚程度,结果显示西部地区产业集聚程度在增加,并有进一步发展的空间。①

---

① 李扬:《西部地区产业集聚水平测度的实证研究》,《南开经济研究》2009 年第 4 期。

孙超平等运用改进的区位熵法,测算了中国纺织业集聚水平,研究显示中西部纺织业集聚水平正在逐渐向东部靠拢。① 杨嵘和米娅采用 E-G 指数,从产业空间、时间和地理空间等维度测算了中国能源化工产业的集聚水平。他们的研究结果表明:在产业内部,上游行业集聚水平高;在时间上,集聚水平呈缓慢上升趋势;在地理空间角度,西部地区上游行业集聚程度高。② 杜军等以广东海洋产业为研究对象,通过运用区位熵法,发现广东海洋产业集聚趋势明显。③ 夏永红和沈文星根据 2003—2016 年的林产工业数据,运用产业集聚指数和产业区域集中度两种方法,测算了中国林产工业的集聚水平,并以此分析了它与经济增长的关系。④ 叶莉和范高乐选取天津市金融行业相关数据,运用产业集中度、区位熵、赫芬达尔指数、地理集中指数四种方法,测算了金融产业集聚水平情况。⑤

从文献梳理中可以看出,目前测算产业集聚水平的方法主要有区位熵、行业集中度、赫芬达尔—赫希曼指数、空间基尼系数以及 E-G 指数等。并且,因为每一种方法都有其优缺点,学者一般采用多种方法相结合的手段展开研究。比如,区位熵、空间基尼系数等没有考虑到企业的规模差异,赫芬达尔—赫希曼指数对企业的数据要求较严,所以采用这些方法来研究产业集聚水平时,研究结果的精确性不高。⑥ 然而,E-G 指数却可以克服上述不足,尤其是调整后的 E-G 指数能较为精确地测度产业集聚水平。但 E-G 指数也有缺点,缺点

① 孙超平、刘慧敏、吴勇:《我国纺织业空间集聚水平测度与系统效率评价研究》,《工业技术经济》2015 年第 12 期。

② 杨嵘、米娅:《能源化工产业集聚水平实证研究——基于 E-G 指数的视角》,《财经论丛》2016 年第 2 期。

③ 杜军、鄢波、王许兵:《广东海洋产业集群集聚水平测度及比较研究》,《科技进步与对策》2016 年第 7 期。

④ 夏永红、沈文星:《中国林产工业集聚水平测度及演进趋势与产业经济增长——基于 2003—2016 年数据的实证分析》,《世界林业研究》2018 年第 6 期。

⑤ 叶莉、范高乐:《区域金融产业集聚水平的测度与效率评价》,《统计与决策》2019 年第 10 期。

⑥ 关爱萍、陈锐:《产业集聚水平测度方法的研究综述》,《工业技术经济》2014 年第 12 期。

是调整指数所用的方法不同,测度出的同一产业的集聚水平有可能不同。为
了选择出合适的测度方法,从而更精确地测算出产业集聚情况,有必要弄清楚
各种测度方法的优缺点。因此,以下对各种测度方法进行详细介绍。

一、区位熵

区位熵是集中度指标或专门化率,是比率的比率。它由哈盖特首先提出,
哈盖特尝试将其应用于区位分析。随着理论研究的深入,它的用途主要表现
在三个方面:第一,衡量某一区域要素的空间分布情况;第二,反映某一产业部
门的专业化程度;第三,反映某一区域在高层次区域的地位和作用。[1] 近年
来,大量学者用此指标研究产业集聚程度,其具体公式[2]如下:

$$LQ_{ij} = \frac{q_{ij} / \sum_{i=1}^{m} q_{ij}}{\sum_{j=1}^{n} q_{ij} / \sum_{i=1}^{n} \sum_{j=1}^{m} q_{ij}} \tag{6-1}$$

其中, LQ_{ij} 为区位熵。 q_{ij} 为 j 地区 i 产业的相关指标值(如增加值、产值、
就业人数、销售收入等),即分子表示 j 地区 i 产业的指标值占 j 地区所有产业
指标值的比例,分母表示所有地区 i 产业的指标值占所有区域所有产业指标
值的比例。区位熵的值越高,说明该地区文化产业集聚水平越高。若区位熵
值超过1,说明 i 产业在该地区的集聚水平高,比较优势明显;若区位熵值等于
1,说明 i 产业在该地区的集聚水平不高,比较优势不明显[3];若区位熵的值小
于1,则说明 i 产业在该地区的集聚程度还不明显。

区位熵指标计算简单,但因为这个指标有其固有缺陷,不能把其计算结果
作为判定一个地区是否存在产业集聚的唯一参考。比如,根据相关数据,计算
出某地区 i 产业区位熵值大于1,此时并不能说明该产业的集聚水平高。该地

① 于慧芳:《CBD 现代服务业集聚研究》,首都经济贸易大学 2010 年博士学位论文。
② 关爱萍、陈锐:《产业集聚水平测度方法的研究综述》,《工业技术经济》2014 年第 12 期。
③ 关爱萍、陈锐:《产业集聚水平测度方法的研究综述》,《工业技术经济》2014 年第 12 期。

区有可能只存在几个大型企业,且该地区的经济总量小。很明显,在这种情况下,该产业的区位熵指数很有可能超过 1,但实际上该地区并不存在产业集聚现象。

二、行业集中度

行业集中度又称行业集中率或市场集中度,是指某行业的相关市场内前 n 家最大企业的相关指标(产值、产量、销售额、销售量、职工人数、资产总额等)占市场或者行业的份额。它是整个行业市场结构集中程度的测量指标,用来衡量企业的数目和相对规模的差异,是市场势力的重要量化指标。其计算公式①如下:

$$CR_n = \sum_{i=1}^{n} X_i / \sum_{i=1}^{N} X_i \tag{6-2}$$

其中, X_i 代表某产业中第 i 个企业的企业规模,可用产值、产量、销售额等指标衡量。n 代表前 n 家规模最大的企业数目,通常 n 取 4 或 8。N 代表市场上该产业的企业总数目。CR_n 值代表市场上前 n 家规模最大的企业市场集中度。CR_n 值越大,说明产业集中度越大。美国经济学家贝恩把产业市场结构分为寡占型和竞争型,CR_n 值与产业市场结构的具体关系如表 6-1 所示:

表 6-1 贝恩市场结构分类表

集中度市场结构	CR_4 值(%)	CR_8 值(%)
寡占 I 型	$75 \leqslant CR_4$	——
寡占 II 型	$65 \leqslant CR_4 < 75$	$85 \leqslant CR_8$
寡占 III 型	$50 \leqslant CR_4 < 65$	$75 \leqslant CR_8 < 85$
寡占 IV 型	$35 \leqslant CR_4 < 50$	$45 \leqslant CR_8 < 75$

① 关爱萍、陈锐:《产业集聚水平测度方法的研究综述》,《工业技术经济》2014 年第 12 期。

续表

集中度市场结构	CR₄值(%)	CR₈值(%)
寡占 V 型	$30 \leqslant CR_4 < 35$	$40 \leqslant CR_8 < 45$
竞争型	$CR_4 < 30$	$CR_8 < 40$

资料来源：[美]乔·贝恩：《新竞争者的壁垒》，徐国兴、邱中虎、张明等译，人民出版社 2012 年版，第141—148 页。

　　根据行业集中度指标的公式能够较为简便地计算出 CR_n 的值，进而比较结果属于表 6-1 的哪一个范围，由此得出产业的市场集中水平。其中，寡占 I 型—V 型代表产业的集聚水平依次减弱，竞争型代表的产业集聚水平最弱。行业集中度指标也存在诸多缺陷：第一，CR_n 指标没有考虑企业规模和企业总数对产业集中水平的影响。比如，企业总数扩大时，会降低少数几个企业所占市场份额；企业总数减少时，少数几个企业的市场份额会上升。第二，CR_n 指标只是反映产业在市场空间维度的集聚情况，并不代表产业在地理空间维度的集聚水平。换句话说，较高的 CR_n 并不能反映出产业在某地区的集聚程度高。

三、赫芬达尔—赫希曼指数

　　赫芬达尔—赫希曼指数简称赫芬达尔指数，是指一个行业中各市场竞争主体所占行业总收入或总资产百分比的平方和。最初该指数由赫希曼提出，之后赫芬达尔对它进行了完善，现如今是衡量产业市场集中度的重要指标。其计算公式[①]如下：

$$HHI = \sum_{i=1}^{n} \left(\frac{X_i}{X} \right)^2 \qquad (6-3)$$

　　其中，X_i 为 i 企业的规模，X 为市场的总规模，n 为该市场内的企业数。HHI 指赫芬达尔—赫希曼指数，衡量的是产业内所有企业市场份额的平方和。

[①]　关爱萍、陈锐：《产业集聚水平测度方法的研究综述》，《工业技术经济》2014 年第 12 期。

指数值越大,说明产业集聚现象越明显。从公式(6-3)可以得出,该指数的取值范围为 $1/n$—1。当市场上只有一家企业时,这家企业的市场份额为 1,因此该指数取到最大值 1。而当市场上所有企业的规模相同时,每一家企业所占市场份额均为 $1/n$,因此该指数取到最小值 $1/n$。

作为衡量产业集聚水平的指标之一,赫芬达尔指数优点如下:第一,公式中包含了市场内所有企业的市场份额,这相当于考虑了企业总数和企业规模对产业集中度的影响,因此该指标相对行业集中度指标来说更进了一步;第二,可以反映产业的市场垄断和竞争变化程度,因为该指标值对规模以上大企业的市场份额变化比较敏感,而对小企业市场份额的变化反映很小。与此同时,赫芬达尔指数也存在固有的缺陷:第一,该指数只能反映产业在市场空间上的集聚水平,不能反映产业是否在地理空间上集聚。换句话说,该指数值过大,不一定说明产业的集聚水平高;该指数值过小,也不能说明一定没有发生产业集聚。第二,公式需要计算市场内所有企业的市场份额,这决定了该指标的数据资料是较难获得的。第三,该指数没有考虑区域不同的地理单元的面积差异以及其他行业的空间分布情况①,即它只能度量绝对集中度而不能度量相对集中度。

四、空间基尼系数

20 世纪初,洛伦兹提出洛伦兹曲线,用以反映国民收入在国民之间的分配问题。随后,意大利统计与社会学家科拉多·基尼在洛伦兹曲线的基础上提出基尼系数,用以反映一个国家或地区居民的收入差距。1991 年,克鲁格曼为了测算美国制造业的集聚程度,又在基尼系数的基础上提出空间基尼系数。现如今,空间基尼系数被广泛用于衡量产业空间集聚程度。其计算公式②如下:

---

① 关爱萍、陈锐:《产业集聚水平测度方法的研究综述》,《工业技术经济》2014 年第 12 期。
② 《空间基尼系数》,2016 年 6 月 25 日,见 https://baike.so.com/doc/7859501-8133596.html。

$$G = \sum_{i=1}^{n} (S_i - X_i)^2 \qquad (6\text{-}4)$$

公式中的 S_i 是 i 地区某产业相关指标（产值、增加值、就业人数、销售额等）占所有地区该产业相关指标的比重，X_i 是 i 地区所有产业相关指标值占所有地区所有产业相关指标的比重，n 为地区数量。G 为空间基尼系数，取值范围为 0—1。G 的取值越接近于 1，说明产业集聚程度越高。

空间基尼系数计算简单直观，具有如下优势：第一，跟赫芬达尔指数相比，空间基尼系数的公式包含了某地区所有产业指标值占所有地区所有产业的比重，也就是说，它考虑了不同地区地理单元面积大小的差异对产业集中度的影响。第二，公式里边所有产业的加入，使得空间基尼系数在不同产业间具有可比性。但空间基尼系数的劣势也很明显：第一，没有考虑企业规模的影响，即较高的空间基尼系数并不能表明有较高的集聚水平。这是因为当某地区并没有明显的集聚现象时，只要该地区某产业存在规模很大的企业，就会使空间基尼系数变大。第二，对不同产业的空间基尼系数进行比较时，容易由于企业规模与区域差异而产生比较误差。

五、E-G 指数

为了弥补空间基尼系数的不足，Ellison 和 Glaeser 提出了 E-G 指数，用来测定产业集聚程度。假设某一经济体被分为 m 个区域，在这 m 个区域里，分布有某产业的 n 个企业，其计算公式[1]如下：

$$SCI = \frac{\sum_{i=1}^{m}(p_i - q_i)^2 - (1 - \sum_{i=1}^{m} q_i^2)H}{(1 - \sum_{i=1}^{m} q_i^2)(1 - H)} \qquad (6\text{-}5)$$

其中，SCI 代表 E-G 指数，p_i 代表 i 区域某产业的规模占该产业全国总规模的比例，q_i 代表 i 区域所有产业的规模占全国所有产业总规模的比例，H 为

---

[1]　关爱萍、陈锐：《产业集聚水平测度方法的研究综述》，《工业技术经济》2014 年第 12 期。

赫芬达尔指数。为了判定产业集聚程度的大小,需要根据 *Ellison* 和 *Glaeser* 给出的 *SCI* 取值范围。若 *SCI* < 0.02,则表示该产业的集聚程度较小。若 0.02 ≤ *SCI* ≤ 0.05,则表示该产业存在中度集聚现象。若 *SCI* > 0.05,则表示该产业的集聚水平较高。总之,*SCI* 的值与集聚水平的方向一致。

从 E-G 指数的概述中可知,它具有如下优势:第一,考虑了企业规模及区域差异对产业集聚现象的影响,弥补了空间基尼系数的缺陷①;第二,对产业集聚水平能够跨时间、跨区域、跨产业进行比较。虽然相较于其他指标而言,E-G 指数优势很明显,但也存在一个突出缺点。因其需要的是企业和产业两个层面的数据,所以对数据的要求极高。在这种情况下,很多学者在进行相关研究时,只能根据实际数据情况采用修正后的 E-G 指数。修正后的 E-G 指数没有原指数精确,但对测度结果的影响不大,仍有重要的参考价值。

六、五种方法的对比

根据上文所述,区位熵、行业集中度、赫芬达尔指数、空间基尼系数和 E-G 指数五种方法各有优劣。其中,区位熵和行业集中度都计算简单,但计算结果均只能代表产业在市场空间结构的集聚水平,而不能代表产业在地理空间的集聚程度。赫芬达尔指数比行业集中度更进一步,考虑了企业总数和企业规模对产业集中度的影响,但它仍然不能反映产业在地理空间的集聚水平,且不能度量相对集中度。空间基尼系数弥补了前三种方法共同的缺陷,可以反映产业在地理空间的集聚。此外,它还能在不同产业间进行对比。但它的缺点是没有考虑企业规模及区域差异对产业集聚的影响。E-G 指数不仅反映了产业在地理空间的集聚情况,还克服了空间基尼系数的不足,缺点是非常难获得数据。现实生活中,一般用调整后的 E-G 指数进行产业集聚的测度。关于这五种方法优缺点的总结如表 6-2 所示。

---

① 关爱萍、陈锐:《产业集聚水平测度方法的研究综述》,《工业技术经济》2014 年第 12 期。

表6-2　产业集聚水平的几种测算方法

	优点	缺点
区位熵	计算简便,数据易得	不代表产业在地理空间的集聚水平
行业集中度	计算简便,数据易得	没有考虑企业规模和企业总数对产业集中水平的影响; 不代表产业在地理空间的集聚水平
赫希曼—赫芬达尔指数	考虑了企业总数和企业规模对产业集中度的影响; 可以反映产业的市场垄断和竞争变化程度	不代表产业在地理空间的集聚水平; 数据难得; 只能度量绝对集中度而不能度量相对集中度
空间基尼系数	反映了产业在地理空间的集聚; 在不同产业间具有可比性	没有考虑企业规模及区域差异对产业集聚现象的影响
E-G 指数	考虑了企业规模及区域差异对产业集聚现象的影响; 反映了产业地理空间的集聚情况	数据非常难获得

　　五种方法各有优劣,那么在测度产业集聚水平时,具体选择哪种方法呢?这需要结合研究目的、研究对象,尤其是研究数据的现实情况进行决定。当研究数据非常翔实时,理论上最合适、最精确的方法是 E-G 指数。因为在数据资料很丰富的前提下,E-G 指数可以显著弥补其他四种方法的不足,同时自身的不足也被弥补。而当数据资料一般时,就要根据研究目的、研究对象的情况,综合考虑哪种方法更合适。

第二节　分地市文化产业集聚水平测算

一、河南省分地市文化产业增加值与产值

　　2007 年以来,河南省人民政府出台了若干支持文化产业发展的政策。在政府的大力支持下,河南省涌现了将近 40 个特色文化村镇,60 多个文化产业

集聚区。虽然已经有很多学者对文化产业的这种集聚动因及过程进行了研究,但缺乏测算文化产业集聚水平的实证分析,本节将对此进行详细研究。根据上文中对产业集聚水平测度方法的描述,E-G 指数最为精确,但考虑到数据很难获得的现实情况,在此排除这种方法。此外,剩余的几种方法各有优劣。在几种方法中,区位熵指数法计算简便且能衡量产业在市场空间结构的集聚水平。因而,在此选择区位熵指数来测算河南省文化产业的集聚水平。

河南省共 18 个省辖市、10 个省直管县,现由实际情况以及数据的可获得性,以河南省的 18 个省辖市(郑州、开封、洛阳、平顶山、安阳、鹤壁、新乡、焦作、濮阳、许昌、漯河、三门峡、南阳、商丘、信阳、周口、驻马店以及济源市)作为研究对象。根据上文区位熵的公式,在此以 q_{ij} 表示 j 市文化产业的增加值,即分子代表 j 市文化产业的增加值占 j 市地区生产总值的比例,分母代表河南省文化产业的增加值在河南省地区生产总值中的占比。在《河南省统计年鉴》以及《河南文化产业统计概览》查得相关数据如表6-3所示。

表6-3　2017—2019 年河南及各地市文化产业增加值与地区生产总值

(单位:亿元)

地区	2017 年		2018 年		2019 年	
	文化产业增加值	地区生产总值	文化产业增加值	地区生产总值	文化产业增加值	地区生产总值
河南省	1349.23	44552.83	2142.51	48055.86	2251.15	54259.2
郑州市	313.36	9193.77	408.51	10143.32	428.17	11589.72
开封市	106.55	1887.55	149.22	2002.23	149.67	2364.14
洛阳市	111.6	4290.19	215.42	4640.78	226.85	5034.85
平顶山市	31.48	1994.66	90.14	2135.23	98.12	2372.64
安阳市	28.51	2249.85	49.89	2393.22	51.66	2229.29
鹤壁市	7.61	827.65	15.26	861.9	16.65	988.69
新乡市	51.79	2357.76	89.99	2526.55	90.17	2918.18
焦作市	77.6	2280.1	101.8	2371.5	107.2	2761.11
濮阳市	57.5	1585.47	58.91	1654.47	50.08	1581.49

地区	2017 年		2018 年		2019 年	
	文化产业增加值	地区生产总值	文化产业增加值	地区生产总值	文化产业增加值	地区生产总值
许昌市	172.35	2632.92	252.43	2830.62	273	3395.68
漯河市	34.73	1165.04	59.29	1236.66	64.57	1578.44
三门峡市	11.86	1447.42	33.39	1528.12	35.11	1443.82
南阳市	113.43	3345.3	170.58	3566.77	185.53	3814.98
商丘市	70.58	2195.55	150.39	2389.04	164.17	2911.2
信阳市	50.58	2194.51	90	2387.8	92.46	2758.47
周口市	37.89	2459.7	106.87	2687.22	116.74	3198.49
驻马店市	56.13	2175.04	89.85	2370.32	90.38	2742.06
济源市	8.24	600.12	10.59	641.84	10.6	686.96

二、河南省分地市文化产业区位熵

以 2017 年郑州市区位熵的计算为例,来说明河南省各个地市区位熵的具体算法:

2017 年郑州市文化产业增加值占郑州地区生产总值的比例为 313.36/9193.77＝0.034,河南省文化产业增加值占河南省地区生产总值的比例为 1349.23/44552.83＝0.030,所以 2017 年郑州市的区位熵为 0.034/0.030＝1.13。由此推出其他各个地市各年的区位熵如表 6-4 所示。

表 6-4　2017—2019 年河南省各地市文化产业区位熵

地区	2017 年	2018 年	2019 年
郑州市	1.13	0.90	0.89
开封市	1.86	1.67	1.53
洛阳市	0.86	1.04	1.09
平顶山市	0.52	0.95	1.00

地区	2017 年	2018 年	2019 年
安阳市	0.42	0.47	0.56
鹤壁市	0.30	0.40	0.41
新乡市	0.73	0.80	0.74
焦作市	1.12	0.96	0.94
濮阳市	1.20	0.80	0.76
许昌市	2.16	2.00	1.94
漯河市	0.98	1.08	0.99
三门峡市	0.27	0.49	0.59
南阳市	1.12	1.07	1.17
商丘市	1.06	1.41	1.36
信阳市	0.76	0.85	0.81
周口市	0.51	0.89	0.88
驻马店市	0.85	0.85	0.79
济源市	0.45	0.37	0.37

第三节　文化产业集聚水平的比较分析

一、河南文化产业集聚水平的纵向比较

从表6-4中可以看出,在2017—2019年,洛阳市、平顶山市、安阳市、鹤壁市、新乡市、三门峡市、南阳市、商丘市、信阳市以及周口市区位熵基本处于逐渐增长的态势,这与它们文化产业稳步发展的现状一致。郑州市、开封市、焦作市、濮阳市、许昌市、漯河市、驻马店市以及济源市区位熵稍有下降趋势。并且,除了漯河市、驻马店市和济源市之外,郑州市、开封市等城市的区位熵均高于1,即使下降之后的区位熵也基本高于河南省的其他城市,这与它们得天独厚的文化资源相关。

近年来,洛阳市、平顶山市、安阳市、鹤壁市、新乡市、三门峡市、南阳市、商丘市、信阳市以及周口市相关领导高度重视文化产业的发展,不断利用自身文化资源和文化政策,刺激文化产业集聚,为推动产业结构优化升级打好了基础。为了更好地阐述这些城市文化产业区位熵逐渐增长的态势,现将主要城市文化产业集聚发展情况总结在表6-5。

表6-5　2017—2019年区位熵逐渐增长的各地市文化产业集聚情况

地区	文化资源	文化集聚
洛阳市	五大都城遗址、3项6处世界文化遗产	伊川县葛寨镇烟涧村、龙门石窟景区、龙凤山生态旅游度假区、红山欢乐谷旅游度假区和洛阳天心文化产业园
平顶山市	尧文化、观音文化、仰韶文化等	华夏"善"文化传承创新区、传统工艺美术创新发展区、中国历史民俗文化体验区和中原体育休闲水城
安阳市	甲骨文的故乡、周易的发源地、红旗渠精神的诞生地①	殷墟国家考古遗址公园、周易文化产业园、红旗渠太行大峡谷文化旅游产业园等十大文化旅游产业园区
鹤壁市	民俗文化、诗歌文化	大伾山庙会、民俗文化节、古灵山泼水节和"中国诗河·鹤壁"诗歌大赛
新乡市	西部太行山水、中部牧野文化、东部沿黄资源	"太行明珠"郭亮村、黄河湿地鸟类国家级自然保护区、万仙山、八里沟和云龙山大健康文化产业园
三门峡市	地坑院民俗文化、仰韶彩陶文化、石砚文化、黄河澄泥砚文化等	陕州地坑院民俗文化园、仰韶文化产业园
南阳市	玉文化	南阳镇平玉文化创意产业园区、南阳王码科技文化产业园
商丘市	火文化、三商文化、木兰文化、两宋文华、姓氏文化等	夏邑县火店乡、民权县王公庄村
信阳市	红色文化、山水景观、民俗文化	罗山皮影文化产业园、信阳大别山民俗文化村
周口市	龙文化、道教文化	周口淮阳莲舍客栈、周口铁道主题公园、太昊陵景区

---

① 《建设中原经济区关键在做》,《河南日报》2011年4月26日。

洛阳是华夏文明的发祥地之一,拥有五大都城遗址、3 项 6 处世界文化遗产。在此背景下,洛阳市政府加快构建文化传承创新体系,不断加大遗址保护力度,坚持在保护中发展、在发展中保护。并且,深入挖掘历史文化资源,做大做强洛阳文化产业。比如,洛阳市伊川县葛寨镇烟涧村以青铜器产业为依托,大力发展青铜器文化。通过建立青铜器线上产业集群,助立青铜器文化走向世界。河南省文化和旅游厅命名其为河南省文化产业特色乡村。龙门石窟景区、龙凤山生态旅游度假区和红山欢乐谷旅游度假区被命名为河南省夜间文旅消费集聚区。其中,龙门石窟是中国四大石窟之一,具有 2000 余座窟龛和 10 万余尊造像的石窟遗存。龙凤山生态旅游度假区以宋文化体系为主导,以伊川圣贤历史文化为落脚点,融入民国体验的大型综合性旅游度假区。红山欢乐谷旅游度假区依托现有自然生态,重点发展乡村度假旅游业。洛阳天心文化产业园是河南省第七批文化产业示范园区。它的前身是国机重工洛阳建筑机械厂,是以"保护工业遗产、延续城市文脉、发展文化产业"为原则打造出的大规模集群化文化产业园。① 此外,为提升洛阳文化软实力,打造城市品牌,洛阳还举办中国洛阳牡丹文化节、中国洛阳河洛文化旅游节等节庆活动。

平顶山,别名鹰城,具有发展文化产业的丰富文化资源,如尧文化、观音文化、仰韶文化等。平顶山市人民政府以文化为依托、旅游为引领、融合为手段,重点布局文化旅游、文化演艺、工艺美术、体育休闲四大文化产业,计划打造"三区一城"——华夏"善"文化传承创新区、传统工艺美术创新发展区、中国历史民俗文化体验区和中原体育休闲水城。② 其中,华夏"善"文化传承创新区以观音文化旅游为带动,推进"观音文化+"产业。传统工艺美术创新发展

① 《昔日旧厂房 今日"网红"地》,2019 年 12 月 4 日,见 http://hn.chinaso.com/zz/detail/20191204/1000200033030081575445520392780849_1.html。
② 《平顶山市人民政府办公室关于印发平顶山市全域旅游发展三年行动计划(2017—2019 年)的通知》,2017 年 5 月 9 日,见 http://www.pds.gov.cn/contents/6093/39103.html。

区整合民间文化艺术资源优势,以汝瓷文化、钧瓷文化和花瓷文化为依托,分别建设宝丰清凉寺汝瓷小镇、郏县钧瓷创意产业园和鲁山县花瓷特色小镇,最终形成集文化旅游和工艺传承于一体的名瓷创意产业集群。中国历史民俗文化体验区依托"中国曲艺之乡""中国魔术之乡""中国牛郎织女文化之乡"等中国特色民俗文化品牌,打造马街书会曲艺说唱园、宝丰魔术创意产业园等文化集聚区。发挥水资源优势,建设各类体育运动中心,开展水上运动大赛,打造中原体育休闲水城。为了保障文化产业发展规划目标的实现,平顶山市人民政府在土地供给、财政税收、金融(投融资)领域以及人才队伍方面均制定了行之有效的措施。

安阳拥有 3000 多年的历史,具备深厚的文化底蕴,是甲骨文的故乡、周易的发源地、红旗渠精神的诞生地,这些文化资源促进了安阳旅游产业的发展。截至 2022 年,安阳市国家 A 级旅游景区总数 20 余个。为了使文化产业成为经济增长的重要动力,安阳市着力打造了殷墟国家考古遗址公园、周易文化产业园、红旗渠太行大峡谷文化旅游产业园等十大文化旅游产业集聚区。其中,殷墟国家考古遗址公园入选第一批国家考古遗址公园名单,且被国际学者赞誉为"第二个古埃及"。周易文化产业园是汤阴县政府和建业集团共同打造的文化旅游产业集聚区,以羑里城、岳飞庙、扁鹊庙等历史文化遗存、遗址、遗迹为依托,大力弘扬周易文化、岳飞爱国主义精神和中医文化,为讲好汤阴故事、传播汤阴精神作出重要贡献。红旗渠太行大峡谷文化旅游产业园升级全域智慧景区管理系统,加强旅游与文化、体育、农业、会展的跨界融合,加速推进精品建设项目进度。

鹤壁市历史悠久,文化底蕴深厚,尤其民俗文化、诗歌文化闻名遐迩。比如,大伾山庙会已有 1600 多年历史,庙会上有民间社火、扭秧歌、踩高跷、舞龙舞狮等传统民间艺术表演,也有形象逼真、造型独特的泥玩,还有造型美观、质地细腻,集观赏价值和收藏价值于一体的黄河古陶。流经鹤壁市内的淇河是中国诗歌的发源地,《诗经》中有 39 篇诗歌用于描绘淇河两岸的旖旎风光和风土人情。千百年来,历史文化名人已在淇河两岸留下两万多首诗篇。①
2014年,中国诗歌学会将鹤壁淇河命名为"中国诗河"。有鉴于此,鹤壁市人
民政府开展了多届民俗文化节、古灵山泼水节和"中国诗河·鹤壁"诗歌大
赛。自2009年以来,已成功举办11届以原汁原味、丰富多彩的民俗文化活动
为主题的民俗文化节。民俗文化节的规模在逐步扩大,民俗品牌影响力也在
不断提升,使鹤壁成为真正的民俗大舞台。古灵山泼水节的水源来自淇县古
灵山景区内的山泉,水质干净。泼水的寓意不在于降温避暑,更多的是来自人
祖——女娲的祝福。已成功举办6届"中国诗河·鹤壁"诗歌大赛。"中国诗
河·鹤壁"诗歌大赛溯源中国诗歌源头高地,打造"中国诗河"形象,彰显诗歌
文化的传承。

新乡旅游资源丰富,拥有西部太行山水、中部牧野文化、东部沿黄资源。
太行山水的自然风光使"太行明珠"郭亮村成为著名的影视写生基地,在此拍
摄了多达60部影片②,完全由人工开凿的郭亮洞,被誉为"世界第八大奇迹"。
除了自然景观外,新乡历史文化资源也极其丰厚,牧野文化是其一大特色。牧
野并不是专有名词,它是相对于朝歌(鹤壁市淇县)而言的。据《尔雅》记载,
朝歌城由内向外,分别被称作城、郭、郊、牧、野。牧野文化孕育于上古时期,在
夏、商、周、秦、汉时期得以形成和发展,在北宋时期达到鼎盛。新乡沿黄河经
济带有黄河湿地鸟类国家级自然保护区、青龙湖、曹岗险工、万亩刺槐林等众
多生态资源③,现已开发出万仙山、八里沟、京华园、比干庙等20个各具特色
的旅游景区。为了促进"文化+"产业的发展,新乡确立了"大旅游、大健康、大
文化、大体育"的融合发展基调。新乡市人民政府联合诚城集团、香港五洲集
团开发了"云龙山大健康文化产业园",该产业园融婚庆主题公园、养老养生

---

① 《第六届"中国诗河·鹤壁"诗歌大赛征稿启事》,2020年4月29日,见http://www.yzs.com/zswshowinfo-1-7769-0.html。
② 《新乡:太行山水精华,牧野文化故乡》,2019年3月19日,见https://www.sohu.com/a/302317374_585231。
③ 陈荣霞:《山川形胜风景异》,《新乡日报》2021年9月16日。

文化区、休闲运动园、高效观光农业园和文化创意集聚区于一体,成为拉动新乡经济增长的一个典型。

三门峡文化软实力较强,有丰富的文化资源,如陕州地坑院民俗文化、仰韶彩陶文化、虢州石砚文化、黄河澄泥砚文化等。其中,陕州地坑院是全国唯一一个地下古民居建筑,蕴藏着丰富的文化元素。通过展示地坑院的历史演变,表现陕州地区人们的生活风貌与民俗技艺。仰韶彩陶文化起源于新石器时期,被誉为华夏之源。因彩陶在美术和装饰领域颇有建树,而被称为中华民族远古文化的瑰宝。虢州石砚是一种历史悠久的手工艺品,除了具有使用价值外,还有观赏价值。澄泥砚因质地细腻、贮水不涸等特点,而成为四大名砚之一。为充分挖掘文化资源,引导文化资源优势向文化产业优势转变,三门峡重点打造了一些特色文化产业项目。比如,利用地坑院民俗文化,打造出陕州地坑院民俗文化园。依托独特的古民居建筑,打造出全国规模最大的民居景区。利用仰韶彩陶文化打造仰韶文化产业园项目,该项目将走"双园四融一运营"的发展路径。"双园"是仰韶国家考古遗址公园与仰韶文化产业园,"四融"是文旅融合、农林商融合、加工业教育业融合、学术融合,"一运营"是引入与产业发展相匹配的企业资源。① 通过项目实施,达到践行文化自信、促进产业融合、实现乡村振兴和助力全域旅游的目的。

南阳具有深厚的历史文化沉淀,玉文化更是源远流长。正因如此,南阳被誉为"中国玉雕之乡""千年玉都""中华玉文化发祥地"。为了传承保护玉文化,更为了推动玉产业、文化和旅游的融合,实现产业结构优化升级,南阳镇平县文化广电和旅游局开发建设了镇平玉文化创意产业园区。它是集原料交易、创意加工、精品展销于一体,把产、学、研相衔接,使游、购、娱相融合的玉文化产业园区。园区内产业发达,玉文化企业 1287 家,占园区文化企业总数的78.1%,玉雕加工企业(户)5000 多户,年生产玉雕产品 1300 多万件。此外,

---

① 《仰韶文化产业园项目》,2020 年 12 月 22 日,见 http://wglj.smx.gov.cn/News/Content/101112。

园区内人才荟萃,只玉雕加工的高级人才就占全国加工群体的约 60%。① 为了使玉产业与文化深度融合,实施了品牌战略、文化战略、人才战略、宣传战略等。这进一步激发了文旅融合,使文旅消费增长势头强劲。为了实现文化与科技的融合,南阳市人民政府联合中国王码集团,开发建设南阳王码科技文化产业园。园区充分发挥自身资源优势,选择王码软件、文化创意和数字内容三个产业方向,通过集聚相关品牌企业,孵化相关科技项目,辅以配套的上下游企业,实现了文化产业与科技创新的融合,成为促进南阳科技文化产业发展的重要支撑点。

商丘是国家历史文化名城,拥有两处世界文化遗产,火文化、三商文化、木兰文化、两宋文华、姓氏文化等均是城市的文化名片。近年来,为了加快推进文化产业发展步伐,商丘市积极打造具有地域文化品牌的特色化项目。如商丘市夏邑县火店乡的传统产业是生产宫灯,为了打造出特色文化产品,火店乡开发排须、花边、旗穗及中国结等上下游产品及衍生产品,对周边村落经济产生辐射作用。园区内文化产品的一条龙生产使火店乡文化产业产生了集聚效应。由此,传统产业不断发展壮大的火店乡被评为"中国民间文化艺术之乡""河南民间艺术之乡""河南特色文化产业之乡"。商丘市民权县王公庄村曾因地理位置偏僻而经济水平落后。如今,在政府的帮助扶持下,王公庄村成为"中国画虎第一村""全国文化(美术)产业示范基地""全国十大书画村"。为了打造出特色文化产品"民权虎",画师们不仅研究出很多新式画法,还开发出虎头帽、虎头鞋等相关衍生产品。此外,王公庄的"虎"不仅画得好,也卖得好。随着电商平台的发展,销售渠道不断拓宽,王公庄的"虎产品"销售产值直逼亿元。

信阳历史悠久,文化资源丰富,有以鄂豫皖苏区首府、红二十五军长征出

---

① 《喜讯!镇平玉文化产业园区荣获河南省文化和旅游消费示范区称号》,2020 年 5 月 12 日,见 https://www.sohu.com/a/394720429_120052886。

发地为代表的红色文化,以鸡公山、南湾湖为代表的山水景观,以豫南花鼓戏、皮影戏和灶戏等为代表的民俗文化等。之前,信阳对文化产业的认识不到位,挖掘历史文化资源的力度不够,产业的规模化、集约化程度不高,文化产业发展滞后,集聚效应弱。随着文化产业成为刺激经济增长的重要引擎,信阳开始重视文化产业的发展。截至目前,信阳以红色文化为背景,建成了 1 个博物馆、2 个纪念馆;以山水景观为支撑,开发建设了 3 个森林公园、1 个矿山公园、1 个自然保护区①;以民俗文化为支撑,建设了罗山皮影文化产业园和信阳大别山民俗文化村。大别山民俗文化村属于以山水为依托、以文化为底蕴、使自然生态与人文景观浑然一体的文化主题公园,总投资约 10 亿元,占地面积 1080 亩,由金牛文化公园、文化产业园和民俗文化体验园三大功能区组成,精心打造文艺表演、古玩、书法、字画、茶艺的文化产业链和观光、休闲、娱乐的旅游产业链,已经成为信阳的又一张名片。

周口文化旅游资源丰富。近年来,在充分挖掘自身文化资源的前提下,周口突破同质化发展模式,着手用文旅创意激发城市活力。周口淮阳莲舍客栈深入挖掘当地文化内涵,通过举办富有特色的文化活动,达到吸引游客的目的;周口铁道主题公园利用废弃的火车机修车间,通过融合文化、历史、乡愁等元素,用中央美院、周口师范等学校的师生"精微素描"墙体彩绘、农耕文明和岩彩画,把一个荒废的火车机修车间打造成了一个文艺气息浓郁的博物馆,并在极短时间内声名鹊起,成为大家的关注对象;为打破游客祭祖敬圣之后无处可玩、无处可看、无处品尝特色美食的局面,太昊陵景区通过输出品牌、创意和管理为游客打造"食住行游购娱"一站式服务。通过文创元素与其他领域的跨界融合,周口实现了激发城市活力的目的。

郑州市、开封市、焦作市、濮阳市、许昌市的文化产业区位熵稍有下降,但变化并不明显。并且,这些城市的文化产业区位熵在下降之前,均超过 1,这

---

① 丁艳:《"画虎村"喜迎虎年来》,《光明日报》2022 年 1 月 23 日。

说明其文化产业集聚效应较强,与它们文化产业发展现状一致,它们文化产业集聚情况如表6-6所示。

表6-6　2017—2019年区位熵稍有下降的各地市文化产业集聚情况

地区	文化资源	文化集聚
郑州市	黄河文化	国家动漫产业发展基地(河南基地)、国家知识产权创意产业试点园区、中原广告产业园和郑州国际文化创意产业园等
开封市	宋文化	开封宋都古城文化产业园区
焦作市	太极拳文化	七贤民俗村、圆融寺等
濮阳市	杂技文化、龙文化	华龙区东北庄、濮阳县娄昌湖等
许昌市	曹魏文化、钧瓷文化	曹魏文化主题景区、钧瓷文化创意产业园等

近年来,郑州不断推进文化产业园区和文化产业基地建设,拥有3个国家级文化产业园区,分别为国家动漫产业发展基地(河南基地)、国家知识产权创意产业试点园区和中原广告产业园;拥有1个省级重点文化产业园区——郑州国际文化创意产业园;还有18个省级文化产业示范基地。① 国家动漫产业发展基地(河南基地)是河南省文化产业重点项目,占地88亩,建筑面积24万平方米,总投资5亿元,是集动漫开发、运营、教育等于一体的产业集聚区,年产值超30亿元,能够创造超过5000个就业岗位。郑州国际文化创意产业园以"文化创意、时尚旅游、高端商务"为主导,通过建成郑州方特欢乐世界、郑州方特水上乐园、郑州方特梦幻王国等主题公园,绿博园、华谊兄弟电影文化小镇等文旅项目,达到以"绿、水"为主导,以"休闲、慢生活"为主体的低碳目标。

开封是七朝古都,历史悠久。在北宋时期,是国家政治、经济、文化中心。直到如今,开封仍然保存有宋都古城风貌。有鉴于此,开封市人民政府着眼于

---

① 樊冬、李阳:《2018年郑州市文化产业发展报告》,郑州市文化广电和旅游局,2018年。

建设开封宋都古城文化产业园区。园区主要以宋文化为特色,有以龙亭为首的宫廷文化区,以开封府、包公祠为代表的府衙文化区,以大相国寺、铁塔公园为支撑的宗教文化区,以鼓楼为代表的商业文化区,以刘家胡同为代表的民俗文化区,还有区域生态休闲度假区、博物馆体验展示区和生态旅游示范区。园区中有国家级文物保护单位——铁塔、繁塔等,省级文物保护单位——相国寺、禹王台等,市级文物保护单位——古州桥遗址、一赐乐业教清真寺旧址等,还有总量超过 800 处的文化遗存。园区内涵盖 8 项国家级非物质文化遗产(朱仙镇木版年画、汴绣、盘鼓等)、23 项省级非物质文化遗产和 49 项市级非物质文化遗产。目前,开封宋都古城文化产业园区已成为开封打造旅游文化名城的重点项目。

焦作这几年一直致力于打造旅游名城,打造了 5A 级景区云台山、青天河、神农山等老牌的旅游景点,还打造了"七贤民俗村"等特色小镇、圆融寺等文化旅游园区,这大大促进了焦作市旅游业的转型升级。并且,2014 年 12 月,焦作在河南省旅游公共服务体系游客满意度调查中位列全省第一。2015 年 1 月,焦作市通过了国家级旅游服务综合标准化示范市的终期现场评审,这成为焦作发挥旅游标准化示范引领作用的基石。① 焦作市人民政府在推动文商旅综合体建设方面制定并实施了各项措施。焦作市人民政府除了运用传统媒体,还利用新媒体平台拍摄旅游专题片、旅游电影等,也通过组织参加中国上海国际旅交会、中原经济区城市旅游联盟年会等各种大型主题展会,实现提高焦作旅游城市知名度的目的。焦作市加大旅游开放力度,积极引导旅游商品和市场对接,搭建旅游电子服务、营销、监管平台。而且,焦作市深入挖掘潜在的文化旅游资源"亮点"和"卖点",加快推进文化旅游园区建设。

濮阳是中华龙乡、杂技之乡,利用杂技文化、龙文化、民间工艺等元素,在文化产业方面实现了跨越发展。杂技是一种民间艺术形式,在濮阳具有深厚

---

① 《创建国家级旅游服务综合标准化示范市,我市通过终期现场评审》,2015 年 1 月 12 日,见 http://wglj.jiaozuo.gov.cn/show.asp? id=7。

的群众基础,濮阳拥有一批有代表性的杂技专业村。目前,濮阳已围绕杂技艺术衍生出教育、演艺、旅游等相关产品,形成一套完整的产业链,在传承保护中创新发展出杂技之路。龙文化是濮阳的一张名片,在城市的标志性建筑中常充当文化标识的角色。为了充分挖掘龙文化,使其为文化产业发展贡献力量,濮阳市人民政府已启动中华龙文化产业园项目,建成后将再现龙山文化遗存风貌。为了立足龙文化资源优势,濮阳市人民政府每两年举办一次中华龙文化节,节会涵盖文化、杂技、体育、旅游等活动,树立了濮阳形象,提高了濮阳知名度,吸引了大批观光者和企业。麦秆画是濮阳清丰县的一种手工艺品,已历经百年,兴起于隋朝,盛行于唐宋。新中国成立后,麦秆画在质上不断突破,在国外展出时被国外友人称为"迷人的艺术"。以濮阳市瑞丽麦秆画艺术有限公司为代表的企业,不断创新麦秆画技艺,增强了麦秆画的艺术效果。

许昌是文化产业发展中的一匹黑马。这几年致力于发展发制品、曹魏文化主题景区、钧瓷文化创意产业园、鄢陵县中原花木交易博览会等文化产业。其中,曹魏文化主题景区由曹丞相府、魏武帝游园、周边旅游商业街区等构成,总投资2.3亿元,总占地面积3万平方米。钧瓷文化创意园融合了钧瓷产业园、文化广场、旅游服务等,给钧瓷产业提供了更加优越的发展平台,也给游客感受钧瓷文化提供了契机。首届中原花木交易博览会举办于2001年,举办之初的首要目的是促进农业结构优化升级。但随着中原花木博览园的开放,中原花木交易博览会衍变为以生态文化为背景,以花木产业集群建设为支撑,以生态旅游为依托,以招商引资为重点的"文化+旅游+农业"的融合模式。

二、河南文化产业集聚水平的横向比较

2019年各个地市的区位熵数据如图6-1所示,可据此对河南文化产业集聚水平做一个横向比较。

从图6-1可以看出,河南省各地市中,区位熵超过1的有开封市、洛阳市、平顶山市、许昌市、南阳市以及商丘市。其中,许昌文化产业的区位熵最

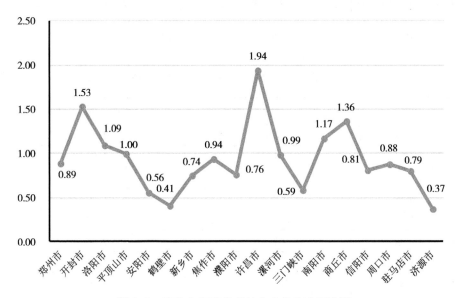

图 6-1　2019 年河南省各地市文化产业区位熵

大,为 1.94。这说明河南省各地市中许昌文化产业的集聚程度最高。开封文化产业的区位熵紧随其后,排名第二,为 1.53,这与开封大力发展旅游业,争创国家级文化产业示范园区密切相关。

区位熵低于 1 的有郑州市、安阳市、鹤壁市、新乡市、焦作市、濮阳市、漯河市、三门峡市、信阳市、周口市、驻马店市以及济源市。其中,漯河市和焦作市文化产业的区位熵接近于 1,分别为 0.99 和 0.94,这说明两市文化产业集聚水平的提升希望较大。济源市文化产业区位熵最小,为 0.37,这说明济源文化产业的集聚程度最低。

三、河南与其他省份文化产业集聚水平的横向比较

为了使河南文化产业集聚水平的高低呈现得更直观,现选取 2018 年全国的部分地区①,通过《2019 中国统计年鉴》和《2020 中国文化及相关产业统计年

---

①　无法查到大多数省份 2019 年的文化产业增加值数据,因而采用 2018 年的数据。

鉴》查得生产总值和文化产业增加值数据,数据如表6-7所示。由表6-7中数据及上文介绍的区位熵公式得到这些省份文化产业的区位熵如图6-2所示。

表6-7 全国部分省份2018年文化产业增加值及地区生产总值

	文化产业增加值(亿元)	地区生产总值(万亿元)
全国	41171	90.03
北京	3075.1	3.03
天津	573.8	1.88
河北	845.6	3.60
上海	2193.1	3.27
江苏	4657.1	9.26
浙江	3813	5.62
安徽	1537.3	3.00
福建	2055.1	3.58
山东	2528	7.65
河南	2142.5	4.81
湖北	1779.7	3.94
湖南	1836.1	3.64
广东	5787.8	9.73
重庆	864.6	2.04
四川	1706	4.07
陕西	723	2.44

资料来源:《2019中国统计年鉴》和《2020中国文化及相关产业统计年鉴》。

从图6-2中可以看出,北京的区位熵远高于其他省份,排名第一。这说明北京文化产业的集聚水平最高,这与北京文化产业的蓬勃发展密切相关。除此之外,16个省份中有8个的区位熵超过1,剩余的8个区位熵低于1。在这8个省份中,河南、湖北、重庆、四川4个省份的区位熵接近于1,这说明4个省份文化产业的集聚水平有待进一步增强。

河南的区位熵为0.97,在16个省份中排名第十。这说明河南文化产业

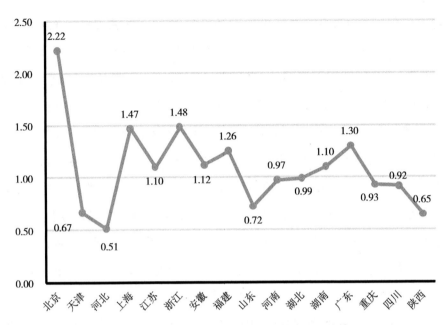

图6-2　2018年16个重要省份的文化产业区位熵

集聚水平较低,出现这种情况的原因有很多。主要是:第一,河南省文化政策的支持力度不大。在税收政策方面,重点文化服务企业中的内资民营企业税负最高,是公有制企业的4—5倍①;在金融政策方面,河南文化企业仍然存在融资难的问题。第二,文化产品缺乏创新。一方面是河南传统的文化产品已经发展成熟,留给创作者的空间较小;另一方面是文化产业的进入门槛低,大量低技能人才涌入,导致产品相互模仿、趋同严重。第三,媒体、鉴赏家和评论家等第三方组织没有充分发挥中介作用。

本章小结

目前,产业集聚水平的测算方法主要有区位熵、行业集中度、赫芬达尔—

---

① 王志标、杨盼盼:《河南省文化产业发展的主要问题及其制衡因素》,《郑州航空工业管理学院学报》2016年第3期。

赫希曼指数、空间基尼系数以及 E-G 指数等,每一种方法都有其优缺点。区位熵、行业集中度、赫芬达尔—赫希曼指数计算简便,但只能反映产业的市场空间结构,并不能代表产业在地理空间的集聚水平。空间基尼系数和 E-G 指数能够反映产业在地理空间的集聚水平,但难获得数据。具体选择哪种研究方法,需要结合研究目的、研究对象,尤其是研究数据的现实情况来决定。当研究数据非常翔实时,理论上最合适、最精确的方法是 E-G 指数。而当数据资料一般时,就要根据研究目的、研究对象的情况,综合考虑哪种方法更合适。

根据对产业集聚水平测度方法的分析以及现实数据情况的考量,选择区位熵指数来测算河南省各地市的文化产业集聚水平。通过查阅《河南省统计年鉴》以及《河南文化产业统计概览》获得 18 个地市的文化产业增加值和地区生产总值数据,进而得到河南省各地市的区位熵指数。

通过纵向比较得到,2017—2019 年,洛阳市、平顶山市、安阳市、鹤壁市、新乡市、三门峡市、南阳市、商丘市、信阳市以及周口市区位熵基本上处于逐渐增长的态势。河南省各地市中,区位熵超过 1 的有开封市、洛阳市、平顶山市、许昌市、南阳市以及商丘市。其中,许昌市的区位熵最大。区位熵低于 1 的有郑州市、安阳市、鹤壁市、新乡市、焦作市、濮阳市、漯河市、三门峡市、信阳市、周口市、驻马店市以及济源市。通过与其他省份的横向比较得到,2018 年河南的区位熵为 0.97,在 16 个省份中排名第十。北京的区位熵远高于其他省份,排名第一。除此之外,16 个省份中有 8 个的区位熵超过 1,剩余的 8 个区位熵低于 1。

第七章　河南文化产业集聚的
效应分析

第一节　乘数效应

一、乘数概念

　　最先提出乘数理论的是英国经济学家卡恩,他在其《国内投资与失业关系》一书中用乘数来表示净投资增量与总就业增量之间的关系。后来凯恩斯将其用在国民收入和就业的理论中。通俗地讲,乘数理论考察和分析的是在资源没有充分利用的前提条件下,社会经济活动中的某一因素的变化或变量的增减所引起的一系列连锁反应的状态和结果。[①] 关于乘数效应的研究主要用于财政、外贸、投资及金融等领域,也有学者用于研究其他领域,例如许琳和何晔分析了慈善事业发展的乘数效应[②],王文军和丁文锋研究的是环保产业发展的乘数效应[③]。文化产业在集聚过程中的乘数效应同样值得研究。

---

　　① 许琳、何晔:《论慈善事业发展的乘数效应》,《西北大学学报(社会科学版)》2005年第1期。

　　② 许琳、何晔:《论慈善事业发展的乘数效应》,《西北大学学报(社会科学版)》2005年第1期。

　　③ 王文军、丁文锋:《环保产业发展的乘数效应分析》,《电子科技大学学报(社科版)》2007年第2期。

二、文化产业的乘数效应原理

文化产业不仅在产业内部的各个部门间存在着相互关联性,而且与第一、二、三产业都有着千丝万缕的关系。因此,某一因素的变化将导致其他部门和产业的相应变化,并且具有连续性,这些变化最终产生的总效应就是文化产业集聚的乘数效应。这种效应的实质是文化产品通过内在的运行机理实现由局部向全局、由微观向宏观的扩散。

文化产业的乘数效应与其创新性、渗透性及强辐射性的特点有着密切关系。文化产业的本质特征是创新性,而创新将为企业带来高额利润,周边的企业会纷纷仿效,从而使相关的创新内容扩散,衍生出更多的新产品、新服务。而渗透性是文化产业最显著的外部特征,许多创意产品价值的实现以附加在其他产业的产品为基础,例如将文化创意与工业品、农业品结合。这种附加有效地贯穿于文化及相关产业的生命周期,带来更多的乘数效应。在知识经济时代,公众对商品文化内涵、文化附加值与文化特色的追求趋于强烈,文化强大的传播力和影响力会有力地推动具有这些特质的商品在市场上扩散。因此,以文化底蕴为基底的文化产业具有强辐射力,产品所包含的文化特色、文化个性不仅能促使这一产品在市场上的走销,还能辐射与此文化特色相关的产品。

三、文化产业乘数效应的计算

随着河南省各地方努力发展文化产业,乘数效应也开始不断显现。文化产业集聚使各地的特色资源得到增值,投资收益、政府税收收入及社会就业岗位等增加,环境也得到改善。比较突出的是文化产业带来的乘数效应,其在整个过程中呈现单倍、多倍甚至指数级增长趋势。文化产业投资所带动的乘数效应由以下公式表示:

$$GDP = K \times I_C = I_C + 间接效应 + 引致效应$$

其中：

K——乘数，即由文化产业投资所引起的 GDP 增长倍数；

*I*_c——文化产业的投资额，也表示由文化产业投资对 GDP 所产生的直接效应；

间接效应——由文化产业投资导致了该产业的发展，进而增加了在该产业就业的工人的收入及其消费需求；

引致效应——因该产业的发展刺激了相关产业的投资和发展，并增加了相关产业工人的收入及其消费需求。

据南方某城市实地测算，文化产业每增加 100 元的投资能使国民经济总产值增加 216 元，每增加 100 元的收入，经过数十次再消费后能够拉动 213 元的总消费支出。[①] 第 32 届洛阳牡丹文化节期间，接待游客 1970.56 万人次，旅游总收入 152.93 亿元，市区各星级饭店平均入住率达 86%。文化节不仅直接影响洛阳市的运输、餐饮、酒店等行业，而且为洛阳周边的县域旅游带来新发展。同时，文化产品的强辐射力还将牡丹文化带到了美国，2014 年 7 月在美国西雅图举办洛阳牡丹文化节，有牡丹花、牡丹特色工艺品、牡丹书画、牡丹艺术摄影等文化产品参展。与国外的交流与合作将进一步提高洛阳牡丹产业的竞争力，发挥其乘数效应。

虽然文化产业能带来巨大的乘数效应，但也应注意打造文化产业中的其他部门，才能使乘数效应通过网络状的产业布局发挥到最大限度。而河南省的动漫产业、影视娱乐业、广告设计业等领域的发展有待提升，文化产业园区的建设亟须优化。因此，河南省文化产业有上升的空间，还将产生更大的乘数效应。

---

① 王颖、孟涛：《文化创意产业：经济发展新引擎》，《吉林日报》2009 年 7 月 25 日。

第二节　群聚效应

一、群聚效应原理

群聚效应是一个社会动力学的名词,指在社会系统里,某件事情的存在已达到一个足够的动量,使它能够自我维持,并为往后的成长提供动力。从产业集聚角度来分析群聚效应,是指某一特定产业的相关联产业的发展有着地域性的关联倾向,这些产业集聚到某一区域时存在高度竞争,却又相互依赖、互利共享。[①] 也就是说,在一定的区域文化、制度背景下的产业集聚能使单个企业分享公共空间和资源优势,实现动态平衡,并使产业所在的区域竞争力提升。群聚效应如图 7-1 的"微笑曲线"所示。

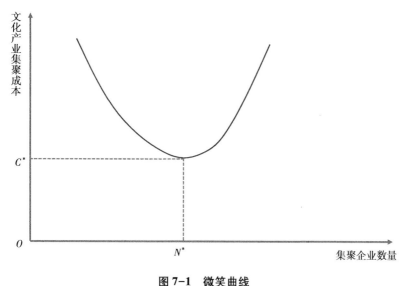

图 7-1　微笑曲线

[①]　梁雪:《产业集聚效应的动态测度模型及其应用研究》,哈尔滨工业大学 2009 年硕士学位论文。

在图 7-1 中,横轴代表文化产业集聚企业数量,纵轴代表集聚成本。在最初阶段,随着企业数量增加,集聚成本下降;但是,随着企业数量增加,会带来对资源和市场的争夺,拥挤成本逐渐上升;因此,理论上存在着一个集聚成本下限,可以用 C^* 表示该下限,它对应的最优企业数量为 N^*。整个曲线形状像一个笑脸,因此将该曲线称为"微笑曲线"。

生活中最典型的群聚效应例子就是大街上抬头望天,如果人数增加到 5 至 7 人时,即便没有任何异样也会有更多的人加入队伍。再比如餐馆选址,一家火锅店除了考虑客流量大的场所还会选择餐馆聚集的地方,如火锅城、美食一条街等,以形成与其他餐饮企业竞争或者混合经营的环境。所以,生活中很多现象体现着群聚效应。

群聚在一起的文化企业能够发挥协同效应、规模效应、信息和资源共享等好处,也便于形成一个专业化大市场,有助于消费者集中消费。这些方面都是群聚效应的具体体现。分散的文化企业会形成较高的搜寻成本、交通成本、学习成本等,不利于文化企业的成长。但是,群聚的文化企业过多时就会导致拥挤成本的出现和扩大,推动原材料价格上涨,使文化企业发展空间受到限制。所以,群聚效应在理论上存在一个最优集聚企业数量。

二、文化产业的群聚效应

对于区域经济的发展,群聚效应的出现会使所在区域具有较大的竞争优势。产业集聚面临着高度竞争与相互合作,在一定时间内就会形成"1+1>2"的群聚效应。在文化产业的企业间就形成了这种群聚,全国各地的文化产业集聚区内集聚的都是大量既相互竞争又存在产业关联的企业。中国文化产业中起步早、成长快、最有活力的地区非上海莫属。上海各文化创意园区中企业群聚效应显著,如首批创意产业集聚区之一的同乐坊,以文化、休闲、创意为导向,陆续引进《私家地理》杂志、《第一财经》数字媒体中心、现代戏剧谷、东方之星等知名企业;以同济大学建筑设计研究院、邮电设计院和市政工程设计院等龙头院所为主形成的环同济设计创意集聚区,是国内设计创意企业入驻数量最多的产业园区;上海滩老码头群聚了国内外知名企业,如丝绸博物馆、巴富仕游艇码头、香港得利保家居设计、澳门珠宝设计展示、澳大利亚建筑设计公司等。

产业关联度比较高的产业可以利用集聚区的资源优势,优化调整自身的发展,发挥群聚效应从而提高整个产业的竞争力。在河南省的文化产业园区中,有自上而下依靠政府行政力量建设的,也有自下而上自发集聚形成的,不管是哪种形成模式,最后园区内大小企业群聚,不断挖掘区域优势资源,形成竞争优势,各产业园区的群聚效应也逐渐有所体现。国家动漫产业发展基地(河南基地)是经原国家新闻出版总署批准的,主要以漫画、动画的创作,动漫软件及衍生产品的研发设计和动漫专业培训等为发展方向,目前落户的动漫企业有80多家,从业人员有3000多人,其中有6家企业通过了国家动漫企业认定。该产业园区的群聚效应凸显,连续三年电视动画片产量居中部地区第一,并入选全国十佳文化创意产业园区,现已成为河南新兴文化产业的重要支点。再以河南的文化艺术创作及产业发展基地——河南石佛艺术公社为例。入驻河南石佛艺术公社的省内外艺术家有150多名,它是河南的原创艺术基地,集聚着许多高端艺术人才,逐渐形成了集艺术家聚集地、文化艺术品交流展示中心、文化艺术品材料供应基地于一体的河南国际艺术村。

群聚效应中,不能仅有"群聚",而忽略"效应"。从河南省的几大文化产业园区的企业来看,入驻的企业、艺术家等在数量上并不少,但仅是"群聚"在一起,大多数企业规模较小,发展的局限性较大,这样"效应"方面就会大打折扣。以国家动漫产业发展基地(河南基地)为例,园区中的几家知名动漫企业虽然有一定规模,但在国内同行业中实力还是比较弱的,这样将影响整个园区的竞争力。

第三节　产业链效应

一、产业链效应的概念

产业链是产业经济学中的概念。产业链是由一个主导产业与其相关产业共同组成的一个产业系统。① 一条成熟和完整的产业链是由多个有前后生产关系的上下游产业构成的,产业之间存在着某种直接或者间接的联系,一个产业的增长或衰退可能影响与之相关的产业。每条产业链由于其延伸的长度、关联的产业数量、生产过程、中间品及投入品的数量等方面都是不同的,因此形成的产业链涉及的范围越广,其对社会和经济的影响也就越大,这种影响就是产业链效应。

二、文化产业链效应

文化产业链的基本结构为:内容创意—生产制造—营销推广—传播渠道—消费者。内容创意是由创意生产者利用文化资源转化成的一种抽象且无形的创意或者作品,它既是整个文化产业链的顶端,也是链条的关键环节。画家、作家、设计师等艺术家都是这一环节的参与主体,他们在产业链效应中起着重要作用。生产制造是指企业将创意或者是作品通过技术、工艺等流程生产出创意产品,比如将动漫故事转化为漫画进行批量生产。在这个环节中生产工序越多,所涉及的中间品生产过程越多,产业链延伸的长度就越长,产业链效应也就越大。营销推广环节中需要代理商、经纪公司、策划公司、传媒公司、艺术中介机构等企业,这些企业的服务对象就是创意作品,他们比创意生产者更加了解市场并能够准确把握市场,运用各种营销模式将服务对象推向

---

① 王志标:《文化产业链设计》,《科学学研究》2007 年第 2 期。

大众。传播渠道是文化产业链上重要的环节,指那些电影机构、电视台、报纸、杂志、电台以及网络等市场主体将创意产品发行销售。消费者是在文化产业链中起反馈与互动作用的最终决定环节,他们对文化创意产品的需求能够反映出产业链最后的效应。从文化产业链的基本结构中可以分析出,它的产业链与众不同,其产业链的延伸性比较好。比如国产动画片《喜洋洋与灰太狼》从动画电视剧延伸到动画电影,从漫画向玩具、服装、游戏等进军,产业链效应随着产品的延伸不断增大。有些文化产品的售价远远高于其制作成本。但是产业链条中影响消费者需求的因素比较多,因此产业投资回报波动性大,这也影响着产业链效应。

文化产业中往往形成以中小企业占多数的集聚群,这些企业在产业链上有着横向或纵向的联系,形成空间集聚下的产业链效应。例如,美国的好莱坞就是凭借当地集聚着的无数小型企业承接产业链上的不同环节,最顶端的创意生产者设计出故事,然后将电影创作中的各个生产环节分配给不同公司,在制作过程中对影片进行大力宣传,最后通过传播渠道向消费者推销。河南省的文化产业集聚也是依靠众多中小企业在空间上集聚形成的集聚群,许多产业集聚区的产业链都比较完整。例如,南阳镇平石佛玉文化产业集聚区,有从事玉料销售的企业、玉雕加工企业、包装企业、玉雕专业市场、各类经营门店以及玉石检测鉴定中心,企业之间分工明确、竞争有序,已经形成了从原料、设计、生产、加工、质检、包装、宣传到销售的产供销一体化的完整产业链条。民权王公庄画家村,由画家、代理商、经纪人构成画虎产业的主体,同时催生了当地其他相关产业,如绘画培训基地、装裱店及旅游业等,形成的产业链条比较丰富。除了这些因当地文化资源优势兴起的文化产业集聚区外,郑州集聚的文化产业园区大部分以动漫创作、传媒出版、艺术创作等为主,园区内以及园区之间的企业存在着横向或纵向的产业链关系。郑州的文化产业集聚区内动漫产业向漫画、游戏、玩具及服装等领域延伸,传媒出版逐渐走上轨道,但是产业间的关联性有待进一步打通,有些集聚区的产业链仍不完整。例如石佛艺术公社主要以艺术家工作室为主,在相关材料加工、装饰装裱以及产品展示、艺术品销售平台等方面仍需进一步拓展。因此,需要加强产业融合,拓展延伸产业环节,发挥产业链效应。

第四节　知识溢出效应

一、知识溢出效应的原理

1890 年,马歇尔在其《经济学原理》中第一次指出溢出等同于外部性的观点,他的外部性理论是知识溢出理论的起源。20 世纪 60 年代,麦克杜加尔(MacDougall)在探讨东道国接受外商直接投资(FDI)的社会收益时,第一次把知识的溢出效应视为 FDI 的一个重要现象提出来。[1]　艾罗和罗默(Arrow[2]和 Romer[3])指出:在特定的空间内某个行业的大量集中能够使整个区域得到知识溢出效应。

空间距离接近的企业更容易产生知识溢出效应。由于集聚区内的企业间地理位置靠近,经常交流与合作,各种信息与知识便会在交流中无意识地传播。文化产业集聚区内有着共享的公共空间、娱乐休闲场所、浓厚的文化氛围、自由的沟通,这些都为信息交流提供了良好的外部条件。因此,知识溢出效应是文化产业集聚效应之一。

在集聚区内企业间流动的知识有显性知识和隐性知识之别。前者指受法律保护的、可被编码以及能进行合法交易的知识产权;隐性知识主要指创意的

①　G.D.A.Macdougall,"The Benefits and Costs of Private Investment from aboard: A Theoretical Appoach",*The Economic Record*,36(1960),pp.13-35.

②　K.J.Arrow,"The Economic Implications of Learning by Doing",*The Review of Economic Studies*,Vol.29,No.3(1962),pp.155-173.

③　P.M.Romer,"Endogenous Technological Change",*The Journal of Political Economy*,Vol.98,No.5(1990),pp.71-102.

思维、技术及管理方式等,在编码、跨边界转移与扩散方面都比较困难,只能通过近距离的交流才能获得隐性知识。隐性知识较显性知识的价值更大,隐性知识在交流中能够转化成新的隐性或显性知识。文化创意企业通过两种途径来实现知识溢出效应,可以将隐性知识(比如创意、艺术技巧等)运用到现在已有的企业当中,以形成经济效应;也可以通过掌握与开发和创新相关的技术等隐性知识建立新的企业。在文化产业集聚区产生知识溢出效应的过程中,环境与集聚区内的企业起着重要作用。集聚区的环境包括公共活动区域、娱乐休闲场所、展示厅、大型显示屏等,创意工作者往往在这些环境中进行休息、娱乐,他们交谈的过程就是知识溢出的过程,隐性知识的传递促使创意迸发。许多创意园区都比较注重环境的建设,设有公共休闲区,为了方便创意工作者的交流。集聚区内的企业包括文化创意企业和服务管理机构,而知识溢出效应离不开企业中的创意工作者与服务管理人员。创意工作者是创意的直接生产者,也是知识溢出效应的直接推动者。服务管理人员主要负责企业间信息的传播与集聚区的管理,保障信息能够被方便地传递给文化创意企业和创意工作者。

二、河南文化产业知识溢出效应

河南省文化产业集聚区同样存在知识溢出效应。首先,我们可以从自发形成的集聚区来分析知识溢出效应,比较典型的例子是禹州的钧瓷文化创意产业集聚区。在集聚区发展初期,原来国营钧瓷厂的技术骨干掌握了钧瓷的生产技术和工艺,他们辞职后建立了几个家庭作坊式的钧瓷小厂,并取得较好的经济收益。由于生产技术的知识溢出效应,周围人迅速模仿成立钧瓷厂。在不完全竞争状态下,企业数量增多,钧瓷产业集聚区内的先行企业的利润就被分割。这种情况迫使先行企业进行创新,它们依靠前期的积累购买生产设备,进行技术和工艺的创新,提高钧瓷的多样化从而开拓新的市场。先行者规模的扩大、技术的提高又会产生新的知识溢出效应,其他企业进行新一轮的模仿。禹州钧瓷文化创意产业集聚区内部形成这种创新与模仿的交互作用,这种知识溢出效应属于"技术源极"型,即知识流动是单向的,从领导者向模仿者流动。然后,再分析由政府组织建设的文化创意园区。以郑州的几大园区为例,这些园区基本以动漫设计、建筑设计、音乐、电影、艺术创作等为主,容易产生知识溢出效应。在园区环境建设方面,有的是人性化设计公共休闲区域,比如增加绿化面积,设计天台休闲区域;有的是在旧工厂的基础上利用厂房建立 LOFT 结构的工作环境和休闲环境。在园区管理方面,往往提供便利的服务平台,以促进信息的传递。郑州每年都会举办"中国郑州国际创意产业博览会",以文化、创意、发展为主题,促进与国内、国际上文化创意企业的交流与合作,将各类文化创意企业聚集在一起,无形中就会产生知识溢出效应。

本章小结

本章主要讨论了河南文化产业集聚的四类效应,即乘数效应、群聚效应、产业链效应和知识溢出效应。

乘数效应源于文化产业与其他产业之间的关联性,这种关联性决定了由文化产业所产生的变化会向其他产业扩散。文化产业乘数效应的实现与其创新性、渗透性和强辐射性都有密切关系。创新性是文化产业的本质特征,会为创新的文化企业带来垄断利润,使其他文化企业加以效仿;渗透性是文化产业的外部特征,使文化产业能够将其创意附加于工业、农业等其他产业的产品之中,从而引发乘数效应;强辐射性在于文化特色、文化特性对于公众的吸引力和影响力。文化产业乘数效应包括直接效应、间接效应和引致效应三个部分。

群聚效应反映出某一产业在某一区域集聚时该产业内部高度竞争又相互依赖、互利共享的特点。群聚效应决定了集聚时存在最优集聚企业数量。文化产业的群聚效应表明集聚体内文化企业之间高度竞争又相互合作的情况。产业关联度高的文化产业更容易发挥群聚效应。

产业链效应是主导产业通过向上下游产业延伸而形成的一种效应。文化产业链的基本结构是内容创意—生产制造—营销推广—传播渠道—消费者。文化产业链中的企业在产业链上有着横向或纵向的联系,形成了空间意义上的产业链效应。

知识溢出效应是指空间距离接近的企业因为经常交流与合作使得各种信息与知识无边界流动并转化为经济效应。溢出的知识包括显性知识和隐性知识,其中,隐性知识的经济效应更大。河南省文化产业集聚区的知识溢出效应比较明显,由于知识溢出,文化产业的企业数量才不断增加,文化产业规模才不断扩大。

第八章　河南文化产业集聚区典型模式

第一节　宝丰县赵庄魔术文化产业集聚区

　　赵庄乡位于平顶山市宝丰县北部,2005 年 11 月,被中国乡土艺术协会评为"中国十大特色文化乡镇"。2006 年被中国杂技家协会命名为"中国魔术之乡"。宝丰县赵庄乡魔术文化产业的发展是宝丰县农民群众把民间艺术与市场经济有机结合,走出的一条"农民创造文化,文化造福农民"的致富道路,也是非物质文化遗产保护和发展方式的一个创新,为全省文化产业和文化体制改革探索出的一条新路径。

一、宝丰魔术文化产业发展概况

　　据不完全统计,宝丰县赵庄乡的魔术文化产业相关从业人员已达上万人,有 2000 多个文化专业户,15 个魔术专业村,平均每个魔术专业村的年收入达 2000 万元。拥有魔术、杂技、歌舞、气功等艺术的表演团体 631 个。赵庄魔术在当地政府的大力支持与正确引导下,在已经发展成为赵庄乡振兴经济、增加农民收入、提升生活水平的特色支柱产业的同时还在转变当地经济发展方式等方面发挥了重大作用。

（一）魔术文化产业对地方经济的影响

第一，魔术文化产业的发展改变了赵庄乡农业生产方式。以魔术专业村为例，周营村是全国有名的魔术专业村，全村430户1619人，其中从事魔术演出的团体有112个，演艺农民880人，每年演出收入2000万元。但土地历来是农民的"立命之本"，虽然演出收入十分可观，但农民演员却不愿丢弃土地。农忙时节，魔术团体返乡务农，农忙过后继续外出演出。外出演出者以青壮年为主，导致农作物日常缺乏管理，农作物经济效益低。这既不利于农业的良好发展，又使演出成本增加。2005年国家颁布了《农村土地承包经营权流转管理办法》，宝丰县赵庄乡积极响应国家政策，实施了相应的管理政策。在周营村"两委"的引导下，外出从事魔术演出的农民自愿将土地流转给种粮大户，由此实现了双赢。

赵庄乡在发展魔术文化产业的同时，认真筹建生态观光农业园区，该农业园区涉及大黄、周营、吴庄、刘庄、岔河寺5个村，规划占地面积近万亩。该园以发展绿化苗木、花卉、中草药、生态养殖为主，集商贸服务、休闲娱乐、旅游观光、采摘及农事体验于一体。由此可见，魔术文化产业促使赵庄乡走向了现代农业发展之路。

第二，魔术文化产业促进了当地其他第三产业的发展。常年外出进行魔术表演使得赵庄乡许多从业者取得了不菲收益，农民手中日益积累了相当数量的闲散资金，为了使闲散资金转变为资本，继续在市场上获取经济收益，赵庄乡党委、政府加大招商引资力度，制定一系列优惠政策，调动魔术专业户利用闲散资金兴办企业的积极性。

（二）魔术文化产业链趋向完善

宝赵公路两侧有数十家为魔术表演而服务的包括生产演出专业车在内的商业实体，这成为全国唯一的民间魔术服务市场。赵庄乡还投资上千万元兴建魔术大观园,该园集魔术表演、餐饮住宿于一体,为开发赵庄乡魔术文化旅游资源提供基础设施支持。宝丰魔术文化的产业链逐渐完善,艺术表演行业、魔术道具行业和艺术教育培训行业在赵庄乡随处可见。

第一,艺术表演行业。由于魔术表演的市场多集中于经济较为发达的大中型城市以及东部沿海地区,而在宝丰县本地的市场相对较小,加之魔术表演节目单一,创新能力不足,因此一些不愿在外四处奔波的魔术表演团体开始将魔术、戏曲、歌舞、杂技等多种艺术形式融为一体,增加艺术团体的节目形式,大力开发本土市场。艺术表演逐渐涉及周边地区的公司庆典、婚礼庆典、广告宣传等多个市场领域,这既丰富了当地人民的艺术文化生活,又提供了许多就业岗位,还创造了相当可观的经济收入。

第二,魔术道具行业。宝丰魔术文化产业迅速发展导致对魔术道具的需求量大大增加,赵庄乡的魔术道具行业经历了从无到有、从小到大的成长过程。魔术团体以及从业人员不断增多,赵庄乡的少数道具生产工匠加工制造出的道具远远无法满足市场需求,因此集魔术道具制作加工、销售、维修服务于一体的道具市场便应运而生。为了满足市场需求,赵庄乡形成了集音响设备加工制作、销售、租赁、维修于一体的灯光音响行业;赵庄乡还有注册资金上百万元的表演车加工企业,进行汽车的加工改装,使之满足魔术以及歌舞表演的需要。这种表演促进道具生产、道具生产促进表演的服务模式使宝丰魔术文化产业的发展处于良性循环之中。

第三,教育培训行业。农民魔术师在外出表演完成资本原始积累之后,开始将目光转向教育培训领域。魔术培训机构在保证宝丰魔术文化产业后继有人的同时提高了从业人员的表演水平和文化素质,为宝丰魔术文化可持续发展奠定了坚实的人才基础。

二、宝丰魔术文化产业发展的经验

第一,因地制宜,主动开拓市场。宝丰魔术文化产业的市场可以分为本土和外地两部分。因为全乡基本上以外出魔术表演作为谋生手段,所以魔术表演在赵庄本土没有市场。但是由于中国还没有完整的魔术道具市场,而魔术表演离不开道具、服装、音响设备等,所以在赵庄乡一些魔术师便将闲散资金投资于魔术道具研发、制作与销售等方面,为魔术表演团体提供真正意义上的一条龙服务,可以在赵庄乡魔术商贸街购置所有与魔术表演相关的商品。而在外地,随着赵庄魔术的知名度逐渐提高,以及表演水平的不断提升,赵庄魔术产业成功开拓了农村和城市两种不同的市场,且根据演出地的经济条件,因地制宜制定不同的出场费用以及门票价格。

第二,抓住机遇,变文化优势为经济优势。俗话说"一业兴则百业旺",改革开放以来,国家日益重视对传统文化资源的保护,且文化产业对经济的促进作用越来越明显,当地政府认真分析形势,充分发挥赵庄乡民间传统文化优势,将赵庄魔术作为特色文化产业给予大力扶植,以魔术文化产业来带动全乡经济的发展。同时,赵庄乡农民勇于探索,大胆创新,充分挖掘魔术文化产业的经济价值。他们还根据时代的变迁加入歌舞、音响、特效等元素,使过去传统的魔术杂耍变成形式多样、节目精致的表演艺术。

第三,政府牵线搭桥,提高知名度和社会影响力。宝丰县人民政府着力扩大赵庄魔术的社会影响力,成功审批"中国魔术之乡"的称号,并于每年的农历四月初八日举办宝丰县魔术文化节。随着魔术文化知名度的提高,在政府的牵线搭桥下,赵庄魔术发展成为中国对外交流项目,名扬海内外。1993 年,日本电视网来到赵庄乡举办"中日魔术擂台赛",并拍摄了影片《中国魔术之乡》;1994 年,俄罗斯国家电视台来赵庄乡拍摄了纪录片《中国民间气功》;赵庄魔术还多次为旅华外宾举办专场演出,受到一致好评。新加坡、韩国和中国的台湾省相继邀请赵庄魔术表演团体前往进行交流演出。在政府的大力宣传以及民间演出团体的共同努力下,赵庄乡魔术文化的发展市场并不局限于国内中小城市及广大乡村,而是走出国门,广泛参与国际交流,这对赵庄魔术产业的发展和水平的提高起到了巨大的促进作用。

第二节　民权王公庄"画虎村"

一、民权王公庄"画虎村"产业基本情况

"画虎村"即河南省商丘市民权县北关镇王公庄村,位于豫、鲁两省,民权、曹县、兰考三县交界处,距离民权县城 28 千米,距离北关镇 4 千米,地处黄河故道,交通便利,位置优越,是豫鲁两省及周边十几个乡镇经济、文化的交流中心。[1] 这里是村庄,也是画院,该村行政面积 134 公顷,其中耕地面积仅 93 公顷,导致传统农业的发展受到限制,该村人口约 1400 人,其中从事绘画的有800 多人,占全村人口的一半以上[2],绘画产业是该村的主导产业,也是商丘地区的文化亮点。当地的"虎画"使得民权王公庄由一个并不出名的小村庄变成一个广为人知的"画虎村"。

"画虎村"的虎画有着独特的风格,具有原始民间艺术特色,属于农民画。刚开始的时候,王公庄的农民以临摹名画为主,后来,就不仅局限于临摹,还不断创新。作品以行画为主,现在逐步发展为以工笔为主,多采用简单朴实的构图、灵活多变的线条,构图和谐自然、色彩上庄重又具有表现力,追求老虎固有的威猛的生命精神。画出的老虎既有王者之风,又富含人性化意蕴,体现出了中国美善合一的美学精神,有"民权虎"的风格,属于中国的非物质文化遗产。

"虎文化"的出名为王公庄带来了许多荣誉。王公庄获得了"全国绿色小康村""河南省文化产业示范基地""河南省特色文化(绘画)村""全国文化(美术)产业示范基地""全国生态文化村""全国十大书画村""中国十大魅力

---

① 苏世民、张忠民:《民权北关镇精心打造"中国画虎第一村"》,《决策探索(下半月)》2011 年第 9 期。

② 刘真真:《河南省乡村文化产业发展影响因素研究》,河南大学 2020 年硕士学位论文。

乡村"等称号。① 随着王公庄虎画作品名声的扩大，与绘画相关的其他产业，如工艺品的制作、字画装裱、人员培训等也不断发展起来，"民权虎"不仅促进了文化产业的发展，也改善了当地民众的生活，给老百姓带来了经济利益和社会效益。

王公庄的发展在河南省有着较强的影响力，示范效应不断延伸，现在形成了一个以王公庄村为中心，带动周边各村及相邻省、县区域的绘画创意产业集群，为新农村建设起到了很好的带头作用，适应了时代要求的文化体制改革，推动了文化产业发展。

二、民权王公庄"画虎村"产业集群形成因素

（一）深厚的文化底蕴

"画虎村"的文化产业集群的形成与当地深厚的文化底蕴有着极大的关系。在中国，虎不仅仅是动物，也是一种吉祥物，被尊为"圣兽"，被人视为辟邪驱害的吉物，通常人们都会在家中挂上五福（虎）图，用来保平安。历史上王公庄的村民以种田为主，但他们家中仍然有着"舞文弄墨"这一习俗，到了年节的时候，他们都会粘贴由当地民间艺人绘制的年画，以表示喜庆、吉祥。所以，民间绘画已经有了悠久的历史，具有强大的生命力和深厚的文化底蕴。②

（二）政府的支持

王公庄文化产业的发展也离不开政府的支持，从 2005 年开始，政府相关部门便开始关注王公庄的绘画产业，成立了民权县王公庄文化传播有限公司、

---

① 苏世民、张忠民：《民权北关镇精心打造"中国画虎第一村"》，《决策探索（下半月）》2011 年第 9 期。

② 李英杰、程丽娟：《文化产业集聚背景下乡村旅游的发展研究——以河南民权画虎村为例》，《时代农机》2015 年第 8 期。

绘画协会等,围绕"民权虎"这一品牌积极发展文化产业。还建设画室,招收学员,注册"王公庄""民权虎"等商标,投资建设农民文化广场,另外投资300万元建立了虎啸山庄文化园,吸引越来越多的外地画家来此,也推动了该村旅游业的发展,为"画虎村"的发展注入了新的活力。

(三)市场的有效运作

为了提高农民画家的市场意识、品牌意识,实施了品牌化战略,按照客户的不同层次要求和市场运行规律,王公庄对绘画作品设计了三个档次,以迎合不同消费者的需求。一是最原始的画作;二是对作品包装,将其装进有着注册商标的精致礼盒中;三是对作品装裱装潢、加工使其升值,这种设计激活并拓展了国内外书画市场,提高了群众对"画虎村"的认知度。目前,王公庄的绘画作品在市场上十分畅销,价格不断增长,从过去几十元一幅发展到现在每幅最高达到上万元,远销国内外。

三、民权王公庄"画虎村"产业集群存在的问题及发展对策

民权王公庄"画虎村"文化产业在集群中存在的问题主要包括从业人员素质偏低、品牌意识较差,因此民权王公庄可采取以下对策进行调整。

(一)加强对人才的培养

该村文化产业从业人员的综合素质偏低,主要表现在该村画家的文化水平较低。"画虎村"的大多数画家受家庭和周围环境的影响,在很小的时候便已经接触到绘画行业,懂得用绘画挣钱,忽略了文化课的学习,思想觉悟不高,久而久之便有了重商轻文的思想,而忽略对艺术的追求,缺乏创新、奉献精神。另外,文化水平低会造成表达能力不足、对艺术品的鉴赏能力低下,导致其没有长远的发展规划,不利于绘画产业的长久发展。

"画虎村"老一辈的艺术家们都是在不断探索中积累经验的,而现在的年

轻人理论基础薄弱,没有经过专业训练,大多数是耳濡目染学习绘画的,缺乏表现力和创造力。政府可以加大对基础人才的培养,对绘画培训学校给予政策支持,提高教学水平,培养他们,使其具备扎实的理论基础,对他们进行专业的绘画训练,也可以挑选优秀的人才去高校学习、派专家来此交流,做到"走出去,引进来",以提高他们的专业绘画水平。

(二)塑造"画虎"品牌

虽然近年来"民权虎"在国内外市场上有了一定的知名度,但是打江山易、守江山难。如今文化产业的发展越来越快,人们对艺术画作的要求也越来越高,而该村的文化产业建成时间较短、规模小,大多数的农民画家还处于临摹绘画的阶段,作品缺乏原创性,品牌建设并不完善。

"画虎村"可以加强网络宣传,组织专业人员策划,利用各大媒体播放纪录片、旅游宣传片等,也可以在微信公众号以及官方网站上对"画虎村"进行宣传,树立品牌意识、提高知名度。也可以积极参加各种国家级、省级的文化活动以及各种民间艺术交流会、博览会等,借机宣传"画虎村"虎画,以扩大影响力、提高其地位。

第三节　镇平石佛寺玉雕产业集群

中国有句古话叫"玉不琢,不成器",意思是玉石需要经过精心雕琢才能变成精美的器具,而玉雕就是以不同材质的原石为原材料,经过专业人员开采、筛选、设计、雕琢等一系列步骤才能制作出来的一种工艺品,代表着一种高雅的文化,具有收藏价值,它具有非再生性、非统一性、非确定性的特征。[1] 玉雕产业有着悠久的历史背景,在历史长河中随着人类社会的进步、审美等因素

---

① 吕军义:《南阳石佛寺镇玉雕产业集群形成机制研究》,河南大学2016年硕士学位论文。

的变化,也在不停地变化,在中国创意文化产业中占有重要地位。

在中国,著名的大型玉雕市场大多分布在南方。例如,广东揭阳被称为"世界最大的高档玉集散地";广东佛山被称为"中国最大的缅甸翡翠玉石集散地",有著名的平洲玉器街;云南有被称为"中国翡翠第一城"的云南腾冲玉器城;而南阳石佛寺镇被称为"全国最大的玉雕加工集散地"。

一、镇平石佛寺玉雕产业基本情况

镇平石佛寺位于河南省南阳市,距离南阳市区 40 千米,南临 312 国道,东依 207 国道,北枕伏牛山南麓,宁西铁路横穿境内,是一个历史悠久、交通便利的特色古镇,有着丰富的玉雕原料,是全国范围内规模最大、品种最全,以玉雕为主,集骨雕、仿铜制品于一体的工艺品集聚地,是中部地区文化产业集群的典范。全镇面积 148 平方千米,包括 21 个行政村、1 个社区,其中 13 个玉雕专业村,全镇共 9.9 万人,其中 5.6 万户籍人口,4.3 万流动人口,玉雕产业从业者 5 万余人,占该镇人口的一半以上[①],能工巧匠 3 万余名[②],玉雕及相关从业人员几乎覆盖所有村落。石佛寺镇囊括了世界上十几种优质玉,包括俄罗斯白玉、和田玉、阿富汗白玉等,经过加工形成了各种饰品、摆件。玉雕产业是当地的支柱性产业,镇平人以玉雕为傲,1995 年镇平县石佛寺镇被评为"中国玉雕之乡",2003 年被评为"中国最大的玉雕产品生产加工集散地""全球最大玉文化创意产业中心"。[③]

现在镇平县有 16 位国家级玉石雕刻大师,117 位省级玉石雕刻大师,42 位省级工艺美术大师,10 位高级工艺师,2 位中国民间艺术美术家,1 位国家

---

① 《石佛寺镇》,2013 年 10 月 10 日,见 zhenping. olny. cn/index. php? m = content&c = index&a = show&catid = 116&id = 182。

② 《无中生有的镇平县石佛寺镇——"中国玉雕之乡"》,2018 年 9 月 21 日,见 360doc. com/content/18/0921/18/276037_788574834.shtml。

③ 吕军义:《南阳石佛寺镇玉雕产业集群形成机制研究》,河南大学 2016 年硕士学位论文。

级工艺美术大师,1万多名初中级技术人才,近年来从业人员也在不断增加。[1]政府为了培育更多的玉雕产业优秀人才,从1993年起每年都会举办玉雕节,玉雕节是典型的民族文化节,是一个集赏玉、观花、旅游于一体的大型经济文化活动,不仅可以吸引更多的玉雕从业人员来此交流经验,还扩大了石佛寺玉雕的影响力,促进了当地的经济发展。

南阳镇平县玉雕产业产值近年来实现了规模性增长,1973年镇平县玉雕产业产值为950万元,2008年产值增加到16亿元,2010年突破了100亿元,占镇平县地区生产总值的43.0%,2011年产值120亿元[2],2019年超过200亿元,占全县经济总量的近80%[3]。在出口方面,镇平县玉雕销往美国、法国、日本等世界上50多个国家和地区。在某种意义上,玉雕产业的快速发展也是对文化产业发展的一种促进,可以满足人们的物质文化需求,加快社会进步的步伐。

石佛寺镇有玉雕湾中心市场,包括近7000家店铺(摊),到处都是精致的玉雕产品,有用辽宁岫玉、南阳独玉、缅甸玛瑙、芙蓉石、水晶石、紫晶石、红蓝宝石等雕刻出来的人物、花鸟、百兽等,这些作品玲珑剔透,让人流连忘返。[4]

二、镇平石佛寺玉雕产业的形成与发展

石佛寺镇最初的玉雕从业者是由家族进行传承的,当时的玉雕加工技术主要依靠"父带子""亲朋互带""师带徒"等方式进行传播,在闲暇时期进行玉器生产,玉雕产业属于劳动密集型产业。前期在县镇内部进行销售,随着时代的发展,越来越多的人将其玉雕产品带进北京、上海等发达城市,实施

---

[1] 朱龙朝:《石佛寺镇玉雕产业发展现状与对策分析》,《现代商业》2016年第9期。

[2] 吕军义:《南阳石佛寺镇玉雕产业集群形成机制研究》,河南大学2016年硕士学位论文。

[3] 《南阳有个县,不产丝,却是"地毯之乡",GDP256.93亿元》,2020年11月26日,见baijiahao.baidu.com/s?id=1684406218679276573&wfr=spider&for=pc。

[4] 《中国玉雕第一镇——河南省镇平县石佛寺镇》,《小城镇建设》2001年第1期。

"走出去"战略,这是最早期对玉雕产品的推广。在20世纪七八十年代,南阳石佛寺镇的玉雕产品以"物美价廉"而出名,这一时期逐渐形成了卖方市场,出现了各种各样的玉雕产品,但是工序简单,从业人员的门槛较低。在21世纪初,市场已经扩大,政府建立了许多具有影响力的关于玉雕产品的交流会,优化市场秩序,实现了玉雕产业空间的转移,例如对玉雕湾工业区进行了规划。① 现在,玉雕湾工业区已经成为全国最大的玉雕加工、销售集散地。

近年来,为促进石佛寺镇的玉雕产业发展,镇平县人民政府在人才培养、税收等方面都给予一定的政策支持。一方面,采用"育引"结合的办法,设立相关的玉雕培训学校培训专业人员,创立新的培养制度,主动联系中央美术学院、天津美术学院等,加强镇平县玉雕培训学校与这些院校的合作,学习先进经验技术。另一方面,邀请玉雕行业的专家来镇平县举办讲座,进行交流和指导,扩大玉雕从业人员的规模。

政府也会定期举办各种大赛,促进玉雕从业人员的交流,为玉雕产业培训人才。如举办玉雕节,开展玉雕精品展评会、玉文化研讨会等,设置并颁发"天工奖""百花奖""陆子冈杯"等,采取灵活多样的形式,挖掘玉雕创新能力。② 2000年5月,为了促进玉雕产业健康有序发展,镇平县人民政府成立了镇平玉雕管理局,主要职责是做好玉雕产业的分户分类建档,编制玉雕产业的发展规划③,提供生产销售信息、做好市场预测,协调相关部门对玉雕产品进行监管,帮助引进技术人才、引进资金。其他地区为了促进当地经济发展,也引进了石佛寺的玉雕产业,这扩大了石佛寺玉雕产业的影响力,促进了石佛寺镇的经济发展。

---

① 吕军义:《南阳石佛寺镇玉雕产业集群形成机制研究》,河南大学2016年硕士学位论文。
② 吕军义:《南阳石佛寺镇玉雕产业集群形成机制研究》,河南大学2016年硕士学位论文。
③ 吕军义:《南阳石佛寺镇玉雕产业集群形成机制研究》,河南大学2016年硕士学位论文。

三、镇平石佛寺玉雕产业集群形成因素

玉雕产业的发展较为迅速,如今几乎遍布全国,比较知名的玉雕产业集聚地有新疆和田、喀什,云南腾冲,广东四会、平州、佛山、揭阳等,江苏苏州、扬州,河南南阳石佛寺等。

石佛寺镇玉雕产业进入门槛较低,市场依赖性很强,该镇玉雕产业集群是典型的"文化导向型"产业集群。其集群的特点是:以传统文化为依托,各产业加工链条相互关联,各部分分工合作,在特定区域内形成纵横交错、有机结合的网状集聚体。石佛寺镇玉雕产业是混合型产业集聚,它自身拥有丰富的原石资源、技术人员等条件,形成了原材料市场、生产加工和销售市场,有相对完整的产业链条,这在全国的玉雕产业基地是独一无二的。

在原材料方面,石佛寺囊括了世界上十几种优质玉,例如俄罗斯白玉、和田玉、阿富汗白玉等,将其加工为各种饰品、摆件等。南阳拥有中国四大名玉之一的独山玉矿石资源。在产品设计、生产加工方面,南阳有着丰富的历史文化背景。在发展玉雕产业时可将历史元素加入其中,加强对玉雕产业文化内涵的建设,制造出具有特色的产品。在宣传、销售方面,石佛寺镇被称为"中国玉雕第一镇",有贺庄摆件市场、榆树庄玉镯市场、石佛寺翠玉玛瑙精品市场、玉雕湾中心市场等四大玉雕专业市场,包括近7000家店铺(摊),到处都有精致的玉雕产品。随着人们生活水平的逐渐提高,文化旅游也成为新的消费领域。把该地区的玉文化作为旅游纪念品进行推广,既可以宣传当地的玉雕产业,也可以促进旅游业的发展。

玉雕产品是以玉文化为依托发展起来的,而玉文化以玉石为载体,玉雕从业人员将玉石加工,可形成半成品市场和产成品市场。由于玉雕市场的信息不对称性,在原材料供应、生产加工、销售各环节之间形成一定关联性,从而引起集聚效应。各相关的职能和服务部门,如政府机构、教育机构、管理部门、金融部门之间分工合作、相互配合,使玉雕市场逐渐发育,形成功能完善、产业结

构相对合理的经济体。① 市场的有效运行需要产业的拉动,产业也离不开市场的支持,两者是相互作用的,这是一个不断调整和反馈的过程。

四、镇平石佛寺玉雕产业集群存在的问题分析

近几年,人们对玉雕产品的要求越来越高,而该地区的玉雕行业没有及时进行产业结构优化调整,存在市场混乱、产品缺乏创新、专业技能人才流失、道路规划不合理的问题。

(一)市场混乱

玉石具有收藏和欣赏价值,越来越多的人迷恋上了收藏玉石,玉石消费人群不断扩大。但当地的玉雕市场比较混乱,许多产品被随意摆在地摊上,销售过程中存在以次充好、以假乱真现象,消费欺诈事件打乱了正常的市场秩序,导致当地玉雕产业公信力下降。

(二)产品缺乏创新

石佛寺大多数的玉雕产业是小作坊形式,以家庭为单位,产业规模较小,羊群效应明显,产品同质化严重,缺乏创新;玉雕产业从业人员受教育程度较低,无法深刻了解玉文化的内涵,缺少浓厚的文化氛围,大多都是以"人物""山水""花卉""鸟兽"为主题进行创作,缺乏文化时代的表现力和内容的深刻性,这降低了玉雕产品以文化为卖点的价值,难以引起消费者的购买欲望。

(三)专业技能人才流失严重

在玉雕界常言道"十万大军出镇平",这说明镇平玉雕工艺精湛,但也说明了优秀的玉雕工艺家多流失在外地。主要原因在于,广州等发达地区的环

---

① 吕军义:《南阳石佛寺镇玉雕产业集群形成机制研究》,河南大学 2016 年硕士学位论文。

境更有利于创作,而且聚集了许多国内外优秀的玉雕工艺者,使其有更多的交流可能、更大的发展空间,也有许多的初学者会在掌握一点基本功后,便去上海、苏州、扬州等地拜师学艺,优秀者在后期很可能就留在当地发展。

(四)道路规划不合理

石佛寺镇景区容纳了 14 个专业市场,每天人流量很大,但该镇并没有做好道路规划,导致交通设施难以承载这么大的人流量。石佛寺镇无专门停车区,来该地旅游或者购物的游客,只能将车停靠在路边,占用绿化道或者商铺,每天发往全国主要玉雕产业城市的 100 余次长途客车,也因停车场空间有限,大多选择在路边临时停靠,因此常常造成交通堵塞。①

五、镇平石佛寺玉雕产业集群发展对策

针对上述问题,可以采取以下对策进行调整。

(一)规范市场,营造良好销售环境

玉雕是一种高档品,应该建立规范的玉雕市场,以体现其自身价值。政府可以建立信息服务平台,及时准确地获得市场信息,规范定价,以实现区域与行业内的数据共享,更好促进市场交易,改善玉雕市场的销售环境。确保经营户诚信经营、公平竞争,建立市场秩序,规范工人行为,加强监督,防止假冒伪劣产品流入市场。

(二)提高创新能力,满足消费者的个性化需求

石佛寺镇应该与时俱进,在依托传统文化的同时不断创新,推动玉雕行业的发展。提高创新能力包括两个方面的措施:一是在产品上创新。传统的玉

---

① 吕军义:《南阳石佛寺镇玉雕产业集群形成机制研究》,河南大学 2016 年硕士学位论文。

雕主要以山水、人物、器皿等为主题,现在需要突破这一局限,可以参考雕塑、中国画等艺术的创意进行创新。二是在包装上创新。市场上的大部分产品使用礼盒或者胶带进行包装,形式单一,商家可以创建品牌,针对不同的客户使用不同的包装,以满足消费者的个性化需求。

(三)政府给予政策优惠,留住人才

在人才培养方面,要促使当地玉雕培训机构与国际国内的高校合作,着力培养有能力的人才;建立商会、驻外办事处,以加强对外交流;邀请世界顶级的玉雕大师来此交流和传艺,吸引更多专业人才来此交流经验,使他们能感受到石佛寺镇玉雕产业的魅力;设立专项基金,鼓励企业与技术人员对传统玉雕产品加工技术进行升级或改造,对学员实行奖励制度,对作出突出贡献的大师执行减免税收政策。

(四)完善城市交通设施

地方政府可以灵活运用政策条件,发挥市场的自我调控功能,以解决石佛寺镇客运站有限的运输能力与庞大的要素流动需求之间的矛盾,改善石佛寺镇与广州、东莞、上海、北京等地的交通条件,合理规划区域,规范停车位置。

第四节　孟津南石山村唐三彩产业集群

一、南石山村唐三彩的发展历程

中国陶制品手工业源远流长。北魏时期铅绿釉陶器问世,隋末出现了棕黄色陶器,到了唐代,陶器手工业取得了重大突破,出现了一种低温釉陶器。釉彩有黄、绿、白、褐、蓝、黑等色彩,但因其以黄、绿、白三色为主,故名唐三彩。[①] 同

---

① 党春直:《中原民间工艺美术》,河南人民出版社 2006 年版,第 25 页。

时,又因为唐三彩在洛阳出土最多,所以又被称为"洛阳唐三彩"。

1956 年,南石山村成立了全国第一个仿古生产合作社,为后来唐三彩的发展壮大奠定了基础。1972 年,南石山村筹建洛阳市孟津朝阳仿古艺术厂,培养了一批仿古工艺的专门人才,使仿唐工艺保持了生动别致、惟妙惟肖的艺术特色。1983 年 5 月 1 日,孟津县唐三彩工艺厂正式成立,当年产值即达到了 15.3 万元;到 1984 年,该厂产值达 28.7 万元;到 1985 年,产值达到 50.6 万元。[①] 20 世纪 90 年代初港台地区的"收藏热"和 90 年代中后期内地的"文物热"都极大地推动了南石山村仿古手艺的发展。

随着时间的推移,在几代人的努力下,南石山村唐三彩的生产规模不断扩大。如今,南石山村已成为"中国唐三彩文化第一村"。唐三彩为南石山村带来了巨大经济收益、就业机会和知名度。

二、南石山村唐三彩产业集聚的必要性

南石山村唐三彩仿古工艺的发展虽然最早可以追溯到清末,发展势头也较迅猛,但是问题也层出不穷,主要表现在:第一,南石山村唐三彩企业大多为家庭小作坊,这些小作坊难以形成影响力。南石山村现有村民 2000 多人,有唐三彩厂家 70 多家,其中稍具规模的不足三分之一。第二,无序发展、无序竞争。南石山村仿制唐三彩的企业多为家庭小作坊式的个体户,在以利为饵的竞争中,不乏有一些技艺欠缺之人为求高产滥用模具,以次充好。第三,高端人才和复合型人才匮乏。南石山村手艺人中仅有 4 名河南工艺美术大师[②],仅仅依靠他们的不断摸索,很难使唐三彩仿古技艺推陈出新、更上一层楼。第四,唐三彩在过去主要用于墓葬陪葬品,很难大规模地使其成为家庭收藏品。

---

① 高云亭:《"仿唐三彩"的发源地——南石山村》,载中国人民政治协商会议河南省孟津县委员会文史资料委员会编:《孟津文史资料》第 2 辑,1988 年,第 109 页。
② 张宁、郑占波:《孟津县南石山村唐三彩产业加速转型升级——用古老三彩技艺"烧"出新前程》,《洛阳日报》2016 年 4 月 12 日。

如何解决这些突出问题,是南石山人,尤其孟津县人民政府要首先考虑的。有鉴于此,孟津县人民政府在2013年提出了建立唐三彩产业集聚区的想法,希望通过产业转型使南石山村成为集生产销售、旅游观光、文化休闲于一身的特色旅游村,以此摆脱其过去的小作坊生产、无序竞争等困境。

三、南石山村唐三彩产业集聚的途径

南石山村唐三彩产业本身历史悠久,文化氛围浓厚。因此,南石山村的产业集聚应该采用的是内源型产业集聚,即依靠本土资源,通过在地理空间的融合而形成的产业集聚。然而,内源型产业集聚又可以分为依靠市场本身自发而形成的产业集聚和依靠政府主导而形成的产业集聚。[①] 虽然从地理空间上来看南石山村的唐三彩企业已经形成了集聚,但在现如今的经济体制下,集聚并不是简单的空间聚集,所以,最终政府选择的是以政府为主导的集聚方式,通过建立特色小镇来实现唐三彩产业集聚。

2016年,孟津县人民政府规划,依托唐三彩烧制技艺和唐三彩传习馆建设南石山三彩旅游小镇。建设项目共分为三期:一期集中小镇改造开发,迅速满足基本旅游接待功能;二期集中挖掘延展三彩文化,建设三彩文化园区;三期完成三彩文化园区建设及综合配套。其主要建设内容包括"四街""九院""三十六馆"。

张家彩窑的唐三彩体验馆是项目的先行者之一。除此之外,政府对村里的道路、房屋进行美化,还在村里空闲的地方建设三彩街景及配套设施。同时,将村民动员起来建设农家宾馆,开设当地特色餐馆。在南石山村,游客不仅可以参观三彩工艺,亲自体验其制作过程,感受农村习俗,还可以品尝地方美食特色。南石山村被打造成了集文化、旅游、餐饮、娱乐于一体的三彩产业基地。

---

① 梁骁:《我国土地供给和土地红利在三次产业中的结构变迁与表现》,中国矿业大学出版社2017年版,第64页。

四、南石山村唐三彩产业集聚的初步成效

南石山村唐三彩产业集聚项目虽然还处于起步阶段,但已初见成效。目前,南石山村拥有 68 家唐三彩生产企业,它们生产仿古唐三彩和新工艺三彩,产品种类达到 3500 余种,南石山村唐三彩占全国三彩市场的 95% 以上。[①] 2021 年南石山村唐三彩产业年产值为 3.5 亿元。[②] 2017 年,南石山村所在的朝阳镇更是被国家住房和城乡建设部评为全国特色小镇。2016 年以来,该村探索电商销售模式,至 2020 年南石山村共有 128 家淘宝店铺,唐三彩文化产品年交易额突破 3600 万元,淘宝从业者近千人[③]。

第五节　汝州汝瓷小镇

一、汝瓷的发展历程

汝瓷产于汝州,始烧于唐朝中期,兴盛于北宋,位居宋代"五大名瓷"[④]之首。其青如天、面如玉、蝉翼纹、晨星稀,素有"似玉、非玉而胜似玉"之称,更有"雨过天青云破处"之誉[⑤]。后因金兵入侵,汝瓷技艺失传。由于烧制汝瓷工序众多,工艺复杂,对温度的要求苛刻,因此,虽然从南宋到民国的历代政府

---

① 《洛阳孟津三彩小镇唐三彩 DIY——洛阳研学游学之旅》,2018 年 9 月 16 日,见 https://www.sohu.com/a/254180443_232704。

② 《以比赛促创新　唐三彩助振兴》,2022 年 5 月 6 日,见 baijiahao.baidu.com/s? id = 17320827169315914088wfr = spider&for = pc。

③ 《文化孟津|唐三彩双十一"飞入"百姓家》,2020 年 11 月 9 日,见 https://m.thepaper.cn/baijiahao_9919808。

④ 五大名瓷分别为汝瓷、钧瓷、官瓷、定瓷、哥瓷。

⑤ 张天庆:《对于汝瓷的探讨》,载河南省文物研究所编:《河南钧瓷汝瓷与三彩:中国古陶瓷研究会、中国古外销陶瓷研究会一九八五年郑州年会论文集》,紫禁城出版社 1987 年版,第 111 页。

都投入巨大的人力、物力和财力对其进行仿制,但无一例外都没有成功。① 中华人民共和国成立后,汝瓷仿制主要经历了三个阶段,具体如表 8-1 所示。

从表 8-1 中可以看出,新中国成立之后汝瓷仿制主要经历了恢复与摸索前进、汝窑发现与仿官窑以及产业化这三个阶段,以下对此进行详细解说。

第一,恢复与摸索前进阶段。1953 年,为了恢复汝瓷技艺,周恩来总理作出"发掘祖国文化遗产,恢复汝瓷生产"的指示。② 前期由于缺乏合适的窑炉且相关技术薄弱,汝瓷一直未能被成功生产。直到 1957 年,在匠人们的无数次试验和刻苦攻关之下,汝瓷"豆绿釉"产品才被研制成功,汝瓷技艺恢复试验取得了阶段性进展。随着不断的学习和经验的积累,在 1983 年 8 月,"天蓝釉"汝瓷被仿制成功。③ 1986 年,"豆绿釉"十七号汝瓷被研制成功,并荣获河南省科学技术进步奖三等奖、河南省科技腾飞奖④。

表 8-1 新中国成立以后汝瓷仿制发展的三个阶段

	时间	成就
恢复与摸索前进阶段	1952—1986	1957 年,仿制成"豆绿釉"汝瓷;1983 年,"天蓝釉"汝瓷仿制成功;1986 年,"豆绿釉"十七号汝瓷研制成功
汝窑发现与仿官窑阶段	1987—2003	1987 年,宝丰清凉县遗址被发现;1988 年,"天青釉"汝瓷烧制成功;民营汝瓷企业应运而生
汝瓷产业化阶段	2004 年至今	2004 年,汝瓷原产地域产品保护申报成功;2008 年,汝瓷被列入河南向外赠送礼品名单;2009 年,政府多方文件中都提出要大力发展汝瓷产业化集群

资料来源:王志标:《汝瓷产业化发展的障碍与对策》,《周口师范学院学报》2011 年第 4 期。

---

① 刘莎、汤红艳:《汝瓷的发展》,《大舞台》2012 年第 3 期。
② 薛续友:《纪念周恩来总理批示恢复五大名窑 60 周年纪念瓷首发行》,《理财(收藏版)》2017 年第 9 期。
③ 徐向荣、李峰、刘永川等:《汝瓷的发展及其特征》,《佛山陶瓷》2018 年第 7 期。
④ 《汝瓷是如何恢复和发展?》,2010 年 4 月 5 日,见 http://www.vartcn.com/art/yscc/ZGCQ/200604/9230.html。

第二,汝窑发现与仿官窑阶段。随着 1987 年宝丰清凉县遗址被发现,汝瓷产业进入仿官窑时期。[①] 1988 年 4 月,"天青釉"汝瓷烧制成功。同年,汝州市汝瓷开发公司和汝瓷研究所成立。在这一阶段,国营汝瓷厂纷纷倒闭,大量的民营汝瓷厂,比如朱氏汝瓷、玉松汝瓷、荣华汝瓷、汝宝斋汝瓷、亨通汝瓷等[②]应运而生。

第三,汝瓷产业化阶段。2004 年,汝瓷原产地域产品保护成功申报,这标志着汝瓷企业进入现代化运营阶段。2008 年,河南省人民政府将汝瓷列为对外赠送礼品名单中。在此之前,汝瓷已有多件作品被赠送给国内外政府首脑。2009 年,河南省人民政府多个文件指出,要大力发展汝瓷产业,建立汝瓷产业化集群。汝州市人民政府对此高度重视,将其列入"十一五"重点发展产业。

二、汝瓷小镇成立的必要性

虽然政府在 2009 年就提出汝瓷产业化的发展战略,但是在很长的一段时间内,汝瓷产业距离规模化、集聚化的目标还很远。这其中既有内在因素,又有外在因素。

总结起来说,主要有三个方面的问题:第一,行会组织没有凝聚力。2002 年,汝州汝瓷协会成立。很多汝瓷企业对协会促进汝瓷产业化的职能表示怀疑。他们认为协会根本没有起到相关作用,其只是个别人获得私人利益的一种手段。第二,人才短缺。汝瓷企业大多为家庭作坊,从事生产的工人基本为辍学青年,研发人员学历为高中甚至高中以下,这就为汝瓷创新埋下了隐患。第三,政府意识滞后。政府虽然出台了相关文件,但大多数并没有被落到实处。比如,汝州没有官方的陶瓷机构,没有统一的汝瓷行业标准,也没有专门基金用于支持汝瓷的发展。

上述三个问题要想得到解决,基本都需要政府从中协调。有鉴于此,汝瓷

---

① 王志标:《汝瓷产业化发展的障碍与对策》,《周口师范学院学报》2011 年第 4 期。
② 王志标:《汝瓷产业化发展的障碍与对策》,《周口师范学院学报》2011 年第 4 期。

小镇的成立就显得尤为重要。毕竟产业化并不是简单地表现在企业地理空间的集聚,还需要有相配套的资金和政策的支持。

三、汝瓷小镇的基本情况

汝州历史悠久,文化底蕴丰厚。2016年,当国家相关部委作出建立特色小镇的指示时,汝州市委、市政府积极响应,提出全力打造具有地方特色的中国汝瓷小镇。中国汝瓷小镇项目位于汝州市汝南产业集聚区西南部,总规划面积12平方千米,分为互联网+电子商务产业园区、中国汝瓷小镇核心启动区、中国汝瓷小镇特色文化区三部分。其中,中国汝瓷小镇一期项目总投资25亿元,紧紧围绕汝瓷文化这一主题,打造集文化传承、非遗展示、艺术交流、收藏鉴赏、旅游观光及休闲等功能于一体的滨水文化小镇。[①]

概括起来说,汝瓷小镇整合了文化资源优势、地理环境优势、人力资源优势以及资金优势,是中国第二批全国特色小镇,也是河南省第二批11个特色小镇之一[②]。具体如表8-2所示。

表8-2 汝瓷小镇资源优势

文化资源优势	历史文化资源丰富,汝瓷的故乡、宝丰清凉县遗址、张公巷遗址
地理环境优势	交通便利,距离宁洛高速入口仅2.5千米
人力资源优势	有陶瓷艺术大师、非遗传承人百余人
资金优势	采取政府与社会资本合作的模式(PPP)

四、汝瓷小镇成立以来的成效

汝瓷小镇的成立,不仅促进了汝瓷产业的规模化发展,也带动了汝州旅游

---

① 张建新、桂焱炜、吴改红:《汝州重磅打造中国汝瓷小镇》,《河南日报》2016年8月10日。

② 李红霞:《区域文化与特色小镇协同发展研究——以汝州市为例》,《人文天下》2018年第19期。

业的发展。目前,汝州拥有汝瓷、汝陶生产企业 300 多家,直接生产企业达到近 150 家,销售、收藏和陈设推广类企业 150 多家,从业人员数从 1988 年的 2680 人,上升到 2022 年的 5000 多人①。其中,国家级陶瓷艺术大师 2 人,国家级非遗传承人 3 人,省级工艺美术大师 10 人,省级非遗传承人 7 人,陶瓷工艺大师 16 人,市级非遗传承人 120 人。年产值由 2010 年的 4000 万元上升到 2017 年的 1.2 亿元。

汝瓷小镇培育初期先后获得了河南省重点文化园区和河南省科技与文化融合示范园区等荣誉称号。目前,汝瓷小镇已经建成并营业。汝瓷小镇在功能组合方面,融合了大师工作室、汝瓷展厅、古玩零售、研学游、创业基地等多样化的参观、游览、购物、研学、创业项目;大师创作园汇集了 260 多位行业大师,以及郑州大学、景德镇陶瓷大学等学校的专家入驻,集中进行陶瓷的创作;创客源区吸引了 200 多名陶瓷专业的大学生入驻,是青年创业基地;正在与河南省考古研究院合作成立"河南省文物考古研究院汝州青瓷研究中心"。②

本章小结

本章选取了河南省的 6 个相对比较成功的文化产业集聚区案例进行分析。对于这些案例分析的体例并不强求一致,而是根据案例本身的特点而定。有些文化产业集聚区有着相对悠久的历史,有的则是新设立的,所以它们处于不同的发展进程中。

宝丰赵庄魔术文化历史悠久,属于典型的草根文化,是农民用智慧创造出的将文化艺术转化为经济收益的成功典范。宝丰赵庄魔术文化产业得益于宏

---

① 黄亚芳:《河南的"南河先生"到底是谁? 他和汝瓷又有什么故事?》,《河南商报》2022 年 5 月 26 日。

② 《中国汝瓷小镇景区》,2021 年 11 月 3 日,见 http://wglj.pds.gov.cn/contents/12520/445775.html。

微观发展环境,改变了赵庄乡农民的命运和生活状况,促进了当地第三产业的发展,形成了艺术表演、魔术道具、教育培训的魔术文化产业链。同时,赵庄魔术文化产业发展也在市场开拓、优势转变和政府作为方面带给了我们诸多经验启示。

民权王公庄"画虎村"的形成多少有些传奇性。政府和市场的合力推动了王公庄"画虎村"产业集群的形成。但是,王公庄"画虎村"存在从业人员素质偏低、品牌意识较差的问题,未来需要加强人才培养,进一步塑造"画虎"品牌。

镇平石佛寺玉雕产业同样有着悠久历史背景,在改革开放后快速复苏。政府在人才培养、产业培育方面做了不少积极工作,促使玉雕从业者由家族传承向学校培养、专家培育与家族传承并重发展,形成了石佛寺四大玉雕专业市场。但是,市场混乱、产品缺乏创新、专业技能人才流失、道路规划不合理制约了石佛寺玉雕产业发展,提出了规范市场、提高创新能力、留住人才、完善城市交通设施等措施。

孟津南石山村的唐三彩复制始于清末,大量隋唐古墓为南石山村的唐三彩复制业提供了参考。面临的问题是,大多数企业为家庭小作坊,呈无序发展、无序竞争状态,高端人才和复合型人才匮乏。提升南石山村产业集聚的途径是通过特色小镇方式进行发展,以及持续借力电商平台进行销售。

汝瓷产业从中华人民共和国成立后开始恢复和探索,到20世纪80年代后期研发成功。2000年后汝瓷企业数量大量增加,这客观上为设立汝瓷小镇提供了条件。汝瓷小镇的设立在一定程度上解决了行会组织缺乏凝聚力、人才短缺、政府意识滞后的问题。随着汝瓷小镇的建成,其产业集聚效应初步显现。

第九章 河南文化产业集聚区发展对策

总体来看,河南省的文化产业集聚区发展势头良好,区域布局不断优化,集聚效应不断增强,一批具有特色的文化产业集群正在逐步形成。但要看到,河南省文化产业集聚区与文化产业较发达省份相比还有较大差距,在今后的发展过程中,要立足华夏文明传承创新区和文化强省的要求,明确目标、进行特色定位、坚持科学管理、树立品牌、优化政策支持体系、合理规划集聚区的建设与发展,建成一批具有示范性、特色明显、彰显河南文化气质的代表性文化产业集聚区。

第一节 明确目标,建设适宜地方
优势的文化产业集聚区

现阶段河南省各地在文化产业集聚区目标设定方面存在没有明确目标、目标不清晰、目标太高、目标较低、目标没有与集聚区特色结合等问题。地方政府在建设文化产业集聚区之前就应就文化产业集聚区的发展目标进行专题研究,盲目建设会导致文化产业集聚区入驻率较低,集聚区服务能力较弱,最终不能起到转化本地文化资源、为地方经济发展服务的作用。

一、文化产业集聚区建设的核心目标是促进文化企业的集聚和发展

文化产业集聚区内部与外部的产业链条应是一个整体,集聚区入驻企业之间的有机联系,应在规划之初就设想好。[①] 产业链条的设计,最初要有一个清晰的计划。集聚区侧重于发展哪类文化产业链,可以容纳产业链上不同类型企业的数量。在集聚区动工或改造之前应对目标文化企业进行调研,了解目标企业对集聚区的期望和要求,在法律政策允许条件下尽可能满足文化企业的愿望,以便使文化产业集聚区能够切实为文化企业提供有针对性的服务,这样文化产业集聚区就可以吸纳一定数量的文化企业入驻。如果集聚区没有一定数量的文化企业,那么这样的集聚区就称不上文化产业集聚区。现实中,人们之所以质疑一些冠名文化产业园的项目,就是因为这类项目没有吸引一定量的文化企业,仅仅有一家地产公司在支撑项目建设。无论项目建设主体是政府还是地产公司,项目建成后都必须为文化企业预留足够的空间,首先应保证文化企业入驻的需要,其次才可以考虑居住和商业上的用途。其中的主次关系不能颠倒,一旦颠倒,那这样的集聚区就只能改称为居民区或商业区了。政府应加强对已经冠名的文化产业集聚区的审查,看其是否实现了文化企业集聚发展的目标,如果没有达到预定目标,应对其采取一定的整改措施。

二、要平衡经济目标和社会目标,不要一味地追求和强调经济目标

不少文化产业集聚区在建成之前就拟定了雄心勃勃的经济目标,将集聚区视为一只能下"金蛋"的母鸡。为了及早看到成效,甚至给母鸡注射生长激素。但是,对母鸡过度关注的结果可能是母鸡没有生育能力或者"鸡飞蛋

[①] 张云飞、张晓欢:《试论我国文化产业园区建设的现状、问题与对策》,《中国市场》2013年第20期。

打"。现实中,能够"下蛋"的文化产业集聚区大都经历了一个自然生长过程,从而塑造了其业态和市场。事实上,换一个角度来审视文化产业集聚区会使地方政府获得另一种收获。文化产业集聚区通过将一个地方的文化资源和文化企业聚集为社会提供文化产品,这对于文化传承具有重要意义,更重要的是,经历几年的建设期后,文化产业集聚区有可能成为一个城市的文化名片,促进当地旅游业的发展。这种社会目标或者说文化产业集聚区的溢出效应应是地方政府在评估文化产业集聚区绩效时需要兼顾的一个方面。对于经济目标和社会目标的取舍,也是地方政府追求短期利益和长期利益的权衡。要想使集聚区产生真正的效益和社会影响力,地方政府就需要为集聚区准备一个"孵化期"和"生长期",这样才能收获"成熟期"的果实。

三、目标要具体,并且与地方优势相结合

一些地方设定的文化产业集聚区目标过高或较虚,因此这样的目标对于集聚区的发展没有指导意义。文化产业集聚区在目标设定上一定要与地方的文化产业、文化资源和人力资源优势相结合。目标不要太高或太低,而是要具体,能够指导日常工作,具有可实现性。制定具体的目标之后,就可以此目标确定集聚区的发展规划和政策文件,进一步可由此选择入驻企业,决定集聚区要素配置和空间配置,拟订合理的集聚区管理方案。

第二节 深化基础要素分析,对文化 产业集聚区进行特色定位

虽然河南省在重点文化产业园区、文化产业项目上大都进行了详细论证与规划,但在总体政策的推动下,许多集聚区未能根据集聚区所在地的历史、地理、社会、文化等条件来确定集聚区的功能和主导产业。不少集聚区在产业发展和企业引入方面具有盲目性,同质化问题比较严重,缺少特色,重复度高,

集聚区内部恶性竞争。不少文化产业集聚区的功能定位较为单一化,导致集聚区对文化企业的吸引力不够。而河南省成功的文化产业集聚区,例如宋都古城文化产业集聚区、神垕镇钧瓷产业集聚区等都立足于其文化传统,有效对接其基础要素,因而能够实现其发展目标。

一、在基础要素分析中首要的是明确本地占优势的文化产业与文化资源是什么

如果有占优势的文化产业,那么集聚区应以这种产业作为主导产业。如果没有占优势的文化产业,但是具有某一方面较丰富的文化资源,那么可以通过招商活动吸引其下游企业落户本地区,从而逐步确立以使用本地较丰富的文化资源的产业作为集聚区主导产业。如果既没有占优势的文化产业,也没有某些较丰富的文化资源,那么就要看能否吸引文化产业由其他地区转移到本地区。虽然文化产业转移的黏性和阻力不见得就比工业企业的转移阻力少,但是现实中又确实存在这样的产业转移,例如兄弟动漫的创始人就是由深圳转移到郑州进行二次创业的。只有深化基础要素分析,才能确定要建立一个以什么特色文化产业作为主导产业的文化产业集聚区。

二、基础要素分析的另一结果是确立文化产业集聚区的功能

并非所有的文化产业集聚区都要具备生产、交易、交流、商业服务、金融服务、居住、休闲娱乐等功能。只有发展到一定阶段,吸引到足够的人流之后,才需要如此完备的功能。产业围绕人转,这是产业发展之基。对于中小文化产业集聚区而言,首先要明确的是集聚区是一个以生产作业为主的集聚区,还是一个以交易服务为主的集聚区。如果该集聚区是以生产作业为主的集聚区,那么集聚区必然需要充足的空间。当然,不同的文化分支行业所需要的"充足"标准不同。如果是以交易服务为主的集聚区,那么集聚区要提供展示功能、信息发布与交易平台、供商户谈判的商业场所这些核心功能。至于以生产

为主还是以交易为主,在建设集聚区之前要对文化企业进行必要的调研,了解其进驻集聚区的意愿和方式。这样,集聚区定位就能与地方特色有效对接。

第三节　优化管理模式,健全专业化的
管理或服务部门

在建立文化产业集聚区时,必须考虑的一个问题是,对文化产业集聚区如何进行管理。这里的管理有两层含义:一是宏观管理,即确定是否批准文化产业集聚区的设立和在建立文化产业集聚区的过程中对于文化产业集聚区的规划;二是微观管理,即对于文化产业集聚区日常运营的管理。文化产业集聚区是企业的集聚,而不是政府的集聚区,政府应当把自己定位在"市场调控者"的位置上。① 但是,在地方政府的管理实践中存在多头管理、"借壳下蛋"、统得较多等问题,这会影响集聚区内企业自主创新的动能,使集聚区发展陷入困境。为此,需要政府不断优化管理模式,健全专业化的管理或服务部门。

一、地方政府要明确自己在文化产业集聚区管理中的职责,既不"缺位",又不"越位"

政府在治理模式上要从全能政府向有效政府转变。学界对政府治理的观念已经发生了几次转变,第一次转变要求政府从全能政府向有限政府转变,第二次转变要求政府从有限政府向有效政府转变。② 有效政府治理模式强调政府的效能,而非单纯放权。在文化产业集聚区的管理模式上应坚持有效政府管理模式,提高政府的管理能力和集聚区水平。

---

① 江陵、倪洪怡:《上海文化产业园区管理:现状、问题与对策》,《福建论坛(人文社会科学版)》2013 年第 4 期。
② 王志标:《汝瓷产业化发展的障碍与对策》,《周口师范学院学报》2011 年第 4 期。

二、努力创造一种公平竞争的环境和机制，充分调动各种所有制形式文化企业的创造活力和创业干劲

以反对行政垄断和消除非国民待遇为重点，制定合理的竞争政策，使国有、民营、外资等各类文化企业在权利平等、起点平等、规则平等的条件下展开竞争，通过充分竞争让公众享受到物美价廉的文化产品和服务。① 为此，在集聚区收费标准、信息发布、平台使用方面要坚持透明、公正、公开的原则，使所有类型文化企业都能以集聚区为家，实现其自身的跨越式发展。

三、文化产业集聚区应成立专业化的管理或服务组织机构

政府可以承担公共服务职能，给予文化产业集聚区建设规划和指导，如对平台投资、运营职责和监督管理方面提供政策性引导②；政府授权的符合相应资格的代理机构要有效地执行实际管理功能，为集聚区企业及时传递政府相关政策，为文化创意主体提供较好的技术支撑、人才输送和培养、产权交易和投资中介等相关专业服务，提高创意产业集群的产业发展效率和速度。③

第四节　坚持适度开发，增强品牌意识

在一些地方，文化产业集聚区一哄而上，对文化资源造成了较大压力。过度开发的结果是降低了集聚区生产的文化产品质量，影响了社会对其生产文化产品的认可度。所以，文化产业集聚区建设亟待转变观念，改变单纯求速

---

① 张立波、陈少峰:《略论政府对文化产业的管理创新》,《福建论坛(人文社会科学版)》2009 年第 10 期。

② 江陵、倪洪怡:《上海文化产业园区管理:现状、问题与对策》,《福建论坛(人文社会科学版)》2013 年第 4 期。

③ 江陵、倪洪怡:《上海文化产业园区管理:现状、问题与对策》,《福建论坛(人文社会科学版)》2013 年第 4 期。

度、求数量的想法,真正耐下性子,扑下身子,为集聚区品牌塑造竭尽全力。有了品牌,集聚区的产品就有了好的销路;随着知名度的上升,集聚区会吸引大量游客和购买者;这样一来,集聚区就能走向良性发展道路。

一、改善文化产业集聚区内外的配套基础设施

发展文化产业,应在充分利用现有的土地、厂房、其他基础设施资源和条件的基础上,改善文化产业集聚区内部和周边的配套基础设施。其关键是积极推进土地资源的整合,用地指标向优势和特色文化产业集聚区倾斜。此外,合理规划土地的使用方向,以满足发展潜力较大且情景良好的文化产业集聚区的用地需求,从而为文化企业的集聚发展和产业融合提供必要空间。

二、应建立文化企业的进入与退出机制,保持适当数量的文化企业

对于有固定建筑边界的集聚区而言,其能够容纳的文化企业数量是既定的。但是,对于无围墙的集聚区而言,文化企业数量具有较大的伸缩性。如果不加限制,大量企业涌入某一文化产业后,对该产业会带来一定的冲击,因为产品鱼龙混杂,所以一旦有产品出现问题,就会连累其他文化企业所生产的产品。更重要的是,企业数量过多,会使其需求的原料出现短缺,这不利于文化产业的可持续发展。因此,政府应建立一个评估和管理机构,以便对文化企业设立资质进行评估,对文化企业生产的文化产品统一进行分级。如果有企业达不到要求,即可要求该企业退出。

三、要积极实施品牌营销策略

文化产业的生机与活力来源于文化的经济价值和经济的文化底蕴,而这些都要靠强大的文化品牌作支撑。文化产业集聚区品牌建设首要的在于树立品牌,为此需要文化企业坚持精品意识,不以次充好、以假乱真,诚实守信,提

高顾客对集聚区产品的满意度,进而通过顾客的口碑宣传提升集聚区的知名度。其次要维护品牌。文化企业应珍视已经建立的品牌,对品牌产品及其周边产品申报知识产权保护,以避免其他生产者恣意盗用品牌给自身声誉带来灾难性的后果。再次,塑造消费者对品牌的忠诚度。集聚区的品牌产品要满足消费者多样化、多层次的个性需求,能让消费者对品牌产生共鸣,进而产生认同感,如此便可以形成集聚区品牌竞争力和消费者内心的忠诚度,使集聚区品牌得到提升,实现品牌产品的销售最大化。

第五节　优化政府政策引导与支持体系

近年来,无论中央还是河南省都制定了一系列文化政策,以支撑文化产业的发展。政府是引导和推动文化产业集聚区建设的重要力量[①],政府的政策供给有利于实现文化企业的公平竞争和文化产业的协调发展。但是,文化产业政策在调动小微文化企业运行活力、推动传统文化产业转型升级,关注文化产品质量、文化产品交易、文化消费等领域尚存在一定不足。优化政府政策的方向在于,既要填补政策罅隙,又要确保政策执行。

一、加大对小微文化企业的支持力度,保持文化生产的活力

要看到,小微文化企业是文化产业的运行主体,对繁荣文化产业、提供大量就业机会具有不可磨灭的作用。因此,要创设相关文化产业政策。对小微文化企业的政策支持重点在于为小微企业建立资金筹措渠道和产品交易途径。

在筹措资金方面,可以在地方层面设立文化产业集聚区发展专项资金,加强文化产业集聚区与金融机构的对接合作,为产业集聚区融资搭建更多的平

---

① 张洁梅、李丽珂:《河南省文化产业园区发展路径研究》,《市场周刊(理论研究)》2014年第4期。

台,支持社会资本通过多种方式参与到文化产业集聚区建设之中。在交易产品方面,可以与一些有实力的软件开发商、经纪人组织和协会、大型网站、电商企业建立起合作关系。小型在线交易平台可以交给软件开发商来完成。通过与软件开发商签署正式协议,约定交易平台实现功能,就可以完成小型在线交易平台的搭建。与经纪人组织和协会建立联系后,可以由职业经纪人负责集聚区文化产品的销售。大型网站和电商企业可以为交易提供远程平台,以促进文化产品在更大范围内流动。

二、创新对传统文化产业的支持方式,促进其转型升级

传统文化产业,例如实体书店、戏剧产业,正在快餐式生活节奏中艰难求生。虽然传统文化产业有其发展的局限性,但是它们对于华夏文化传承和丰富文化内涵有着不可磨灭的功绩,所以中央和地方政府都应该考虑制定适宜的政策促进这类产业的转型升级。例如,对一些特色的传统书店可以减税,将其纳入农家书屋和图书馆的图书供应商体系中,以保证这些书店能够有稳定的收入渠道;对于戏剧产业,可以考虑以科研项目的方式对其进行支持,建立戏剧教习所,鼓励戏剧大师与学校、企业、团体结成产—学—研—演共同体等。通过这些方式,挽救濒危文化,促进传统文化在社会各界的传承与传播,建立起国民对民族文化的自信心。

三、探索对文化消费的政策支持,引导文化生产方向

文化消费是文化产品价值实现的环节,但是在近年来的政策中的关注还不够。在当前需要加大力度促进消费对于文化产业作用的发挥,可以考虑将投向文化生产者的补贴部分转移给消费者。具体的实施方式是,当消费者消费文化产品时,政府依据消费者消费的数量和对文化产品的评价补贴生产者。这样一种补贴政策将实现文化产品生产与消费的无缝对接,有利于减少生产中的无谓损失。也可以实施与生产分离的鼓励文化消费的政策。例如,为了

提高政策资金对人们的效用水平和促进再分配领域的公平,对社会中的弱势群体和残障群体进行补贴。再如,在一些地方探索发放文化消费券或用积分换取文化消费机会。

第六节 科学规划集聚区内部的产业分布,实现产业优势互补

产业的发展状况决定着文化产业集聚区发展的水平和质量。集聚区规划包括很多方面,产业规划是极其重要的一部分。但大多数产业集聚区都没有行之有效的产业规划,在引入企业和发展产业方面具有随意性和盲目性,在有规划的文化产业集聚区存在同质性、规划水平不高、复制工业集聚区的规划等问题。这样一种发展方式与当今的精益管理时代已无法相容。精益管理要求集聚区必须将包括产业分布在内的各项活动纳入发展规划之中,通过预评估和仿真模拟实现在有限空间内创造价值的最大化,不断为消费者提供新的文化产品。

一、聚焦特色文化产业,提升其产业集聚效果

结合集聚区的优势文化资源考虑集聚区聚集的文化产业,以使文化产业能够形成具有比较优势的集聚效应;要从产业关联度等方面考虑,最大限度发挥产业集聚及规模效应,促进集聚区产业结构的优化升级。以核心产品为主导,完善产业链条和产业体系,搞好上下游关联企业的有机结合,促进文化产业要素集群化,更好地发挥文化产业园的集聚效应和辐射效应,从而推动文化产业园的良性发展。

二、对区域优势文化资源进行合理配置,打造地方特色和优势

要充分挖掘和凝练各种文化资源的自身特色,基于资源优化配置和打造

文化特色实现文化产业内部各个子产业的优势互补。要根据不同的比较优势,走特色化、个性化、差异化的发展之路,每个集聚区要突出发展一个主导文化产业。各个地市在继续发展出版传媒、文化旅游、博物会展、演艺娱乐、工艺美术等传统文化产业的同时,要创造条件、积极引进、培育发展动漫游戏、文化创意、数字文化服务等新兴文化产业。

三、要推动文化产业与其他产业的融合发展,不断提升文化产业集聚区的科技含量与内容水平

众所周知,随着文化产业在经济社会发展中的地位日益上升,文化产业与其他产业的融合愈加密切。文化产业集聚区要围绕主导产业推进跨门类、跨行业的综合发展。一要推动文化与旅游的融合发展,开发打造重点突出、特色鲜明的文化旅游品牌,提升河南省文化旅游的品质;二要推动文化与科技的融合发展,积极引进高水平人才,增强自主创新能力,从而提高文化科技含量,推进文化产品及产业的优化升级;三要推动文化与金融的融合发展,拓展融资渠道,为集聚区建设提供资金保障,不断壮大文化资本市场;四要推动文化与现代工业、生态农业、信息、物流、房地产等产业融合发展,延伸产业链,提高附加值,拓展文化产业发展的新领域。①

本章小结

针对河南省文化产业集聚区存在的问题,本章从明确目标、进行特色定位、优化管理模式、适度开发、优化政策引导与支持体系、科学规划等六个方面提出了相应的对策。

文化产业集聚区建设的核心目标是促进文化企业的集聚和发展;要平衡

---

① 张洁梅、李丽珂:《河南省文化产业园区发展路径研究》,《市场周刊(理论研究)》2014年第4期。

经济目标和社会目标,不一味追求和片面强调经济目标;目标要具体,并与地方优势相结合。要深化基础要素分析,明确占优势的文化产业或文化资源是什么,确立文化产业集聚区的功能,对文化产业集聚区进行特色定位。要明确政府在文化产业集聚区管理中的职责,既不"缺位",又不"越位";努力创造一种公平竞争的环境和机制,充分调动各种所有制形式文化企业的创造活力和创业干劲;成立专业化的管理或服务组织机构。要改善文化产业集聚区内外的配套基础设施;建立文化企业的进入与退出机制,保持适当数量的文化企业;积极实施品牌营销策略。要加大对小微企业的支持力度,保持文化生产的活力;创新对传统文化产业的支持方式,促进其转型升级;探索对文化消费的政策支持,引导文化生产方向。要聚焦特色文化产业,提升其产业集聚效果;对区域优势文化资源进行合理配置,打造地方特色和优势;推动文化产业与其他产业的融合发展,不断提升文化产业集聚区的科技含量。

参考文献

白丹丹：《服务型专业村时空演化研究》，河南大学 2016 年硕士学位论文。

陈倩倩、王缉慈：《论创意产业及其集群的发展环境——以音乐产业为例》，《地域研究与开发》2005 年第 5 期。

陈少峰：《文化产业集聚园的全产业链模式》，《文化产业导刊》2011 年第 8 期。

戴广泽：《关于街道办事处工作的思考》，《松州学刊》2013 年第 4 期。

党春直：《中原民间工艺美术》，河南人民出版社 2006 年版。

丁艳：《"画虎村"喜迎虎年来》，《光明日报》2022 年 1 月 23 日。

杜军、鄢波、王许兵：《广东海洋产业集群集聚水平测度及比较研究》，《科技进步与对策》2016 年第 7 期。

樊姝、牛继舜：《纽约 SOHO 艺术集聚区的发展脉络及对北京 798 艺术区的启示》，《山东纺织经济》2014 年第 1 期。

冯子标、王建功：《文化产业兴起与我国工业化转型》，《经济学动态》2007 年第 11 期。

付永萍、王立新、曹如中：《创意产业集聚区演化路径及发展模式研究》，《科技进步与对策》2012 年第 19 期。

高璐瑶：《媒介生态学视角下河南动漫产业发展研究》，郑州大学 2016 年硕士学位论文。

龚雪：《自发型创意产业集聚区形成机理研究》，《技术经济与管理研究》2013 年第 4 期。

顾江、昝胜锋：《亚洲国家文化产业集群发展模式比较研究》，《南京社会科学》2009 年第 6 期。

关爱萍、陈锐：《产业集聚水平测度方法的研究综述》，《工业技术经济》2014年第12期。

管荟璇：《国外文化产业政策发展及其对我国的启示》，《法制与社会》2016年第25期。

郭梅君：《昆士兰模式：澳大利亚创意产业发展研究之一》，《文化产业研究》2013年第1期。

郭艳：《加快河南文化产业园区建设，形成集聚效应——河南文化产业园区建设对策研究》，《河南教育学院学报（哲学社会科学版）》2013年第4期。

何勇军：《文化产业集聚模式及其机制研究》，天津大学2014年博士学位论文。

侯晓乐：《横店影视旅游演艺项目的现状与发展研究》，《旅游纵览（下半月）》2017年第11期。

胡琳：《北京798艺术区品牌传播策略研究》，河北大学2018年硕士学位论文。

胡珊：《国外发展创意产业的经验及启示》，武汉理工大学2008年硕士学位论文。

胡涛：《基于资源基础理论的浙江影视文化产业群竞争力研究——以横店影视城为例》，《中国经贸导刊》2018年第8期。

花建：《产业丛与知识源——论文化创意产业集聚区的内在规律和发展动力》，《上海财经大学学报》2007年第4期。

花建：《文化产业集聚发展对新型城市化的贡献》，《上海财经大学学报》2012年第2期。

黄斌：《北京文化创意产业空间演化研究》，北京大学2012年博士学位论文。

黄炜：《武陵山片区民族文化产业发展的动力机制研究》，《湖北民族学院学报（哲学社会科学版）》2014年第6期。

黄永兴、徐鹏：《经济地理、新经济地理、产业政策与文化产业集聚：基于省级空间面板模型的分析》，《经济经纬》2011年第6期。

黄舆：《基于旅游市场发掘的影视剧拍摄游客消费需求调研》，重庆师范大学2018年硕士学位论文。

［德］霍克海默，阿多诺：《启蒙辩证法（哲学片断）》，洪佩郁、蔺月峰译，上海人民出版社1990年版。

蒋柯可、熊正贤：《文旅类特色小镇同质化问题与差异化策略研究——以四川安仁古镇和洛带古镇为例》，《长江师范学院学报》2019年第2期。

江陵、倪洪怡：《上海文化产业园区管理：现状、问题与对策》，《福建论坛（人文社会科学版）》2013年第4期。

蒋三庚、王莉娜：《北京市文化创意产业集聚效应研究》，《经济研究参考》2017 年第 45 期。

姜照君：《文化产业集聚与城市化耦合的时空分异研究——来自三大经济区 37 个城市的数据》，《南京航空航天大学学报（社会科学版）》2015 年第 4 期。

康小明、向勇：《产业集群与文化产业竞争力的提升》，《北京大学学报（哲学社会科学版）》2005 年第 2 期。

［美］克鲁格曼：《地理和贸易》，张兆杰译，北京大学出版社 2000 年版。

雷宏振、谢卫军：《文化产业集群内知识共享与产业集聚关系研究》，《情报杂志》2010 年第 6 期。

李红霞：《区域文化与特色小镇协同发展研究——以汝州市为例》，《人文天下》2018 年第 19 期。

李靖华、吴开嶂、李宗乘：《我国风景名胜城区文化创意产业园发展模式：杭州市西湖区案例》，《科技进步与对策》2013 年第 8 期。

李兰：《文化产业园区建设：一个文献综述》，《改革》2010 年第 9 期。

李强、李皖玲、张飞霞：《我国文化产业集聚效应与区域经济耦合发展研究》，《生产力研究》2016 年第 2 期。

［美］里斯、特劳斯：《定位：头脑争夺战》，王恩冕、于少蔚译，中国财政经济出版社 2002 年版。

李文博：《云南省文化产业集聚对文化产业发展的影响研究》，云南财经大学 2019 年硕士学位论文。

李伍峰：《经济全球化对世界新闻传媒发展趋势的影响及对策》，《理论学习》2005 年第 7 期。

厉无畏：《创意产业导论》，学林出版社 2006 年版。

厉无畏：《文化创意产业推进城市实现创新驱动和转型发展》，《福建论坛（人文社会科学版）》2013 年第 2 期。

李小建、李二玲：《产业集聚发生机制的比较研究》，《中州学刊》2002 年第 4 期。

李学鑫、田广增：《选择性环境能力与农区特色文化产业集群的演化——以宝丰县赵庄乡魔术产业集群为例》，《人文地理》2011 年第 3 期。

李学鑫：《加快河南乡村文化产业集聚区建设战略对策研究》，《商丘师范学院学报》2013 年第 3 期。

李雅丽：《美国文化产业：发展模式、产业政策及启示》，《海南金融》2018 年第 11 期。

李扬:《西部地区产业集聚水平测度的实证研究》,《南开经济研究》2009 年第 4 期。

李英杰、程丽娟:《文化产业集聚背景下乡村旅游的发展研究——以河南民权画虎村为例》,《时代农机》2015 年第 8 期。

梁雪:《产业集聚效应的动态测度模型及其应用研究》,哈尔滨工业大学 2009 年硕士学位论文。

梁骁:《我国土地供给和土地红利在三次产业中的结构变迁与表现》,中国矿业大学出版社 2017 年版。

刘冰峰:《文化创意产业集聚模式的探索与构建》,《商业时代》2013 年第 20 期。

刘嘉磊:《加拿大动画史——实验动画艺术与技术的研究》,天津工业大学 2017 年硕士学位论文。

刘立云、雷宏振:《产业集群视角下的文化产业与区域经济增长》,《东岳论丛》2012 年第 3 期。

刘立云、雷宏振:《中部地区"嵌入型"文化产业集聚效应的实证分析》,《统计与决策》2012 年第 18 期。

刘明亮:《北京 798 艺术区当下发展困境的分析》,《文艺理论与批评》2011 年第 1 期。

刘莎、汤红艳:《汝瓷的发展》,《大舞台》2012 年第 3 期。

刘淑芳、杨志恒、韩明杰等:《动漫产业集聚发展研究——以山东省为例》,《经济与管理评论》2012 年第 1 期。

刘淑芳、杨志恒:《本土文化产业集群发展模式分析》,《技术与创新管理》2013 年第 1 期。

刘修岩、邵君、薛玉立:《集聚与地区经济增长:基于中国地级城市数据的再检验》,《南开经济研究》2012 年第 3 期。

刘振卫:《中美两国文化产业集聚与溢出效应检验》,《统计与决策》2018 年第 19 期。

刘真真:《河南省乡村文化产业发展影响因素研究》,河南大学 2020 年硕士学位论文。

刘志华、刘瑛、张丽娟:《田园综合体建设:以重庆的实践为例》,《长江师范学院学报》2018 年第 4 期。

鲁黎明:《现代图书馆建筑功能空间的特性与组织》,《宁波教育学院学报》2011 年第 2 期。

吕军义:《南阳石佛寺镇玉雕产业集群形成机制研究》,河南大学 2016 年硕士学位论文。

栾阿诗、沈山:《江苏文化产业集聚度测算及其分布特征研究》,《经济师》2017 年第 12 期。

罗能生、刘思宇、刘小庆:《文化产业集聚水平及其影响因素——基于湖南省数据的实证分析》,《广东行政学院学报》2011 年第 1 期。

马晓春:《横店影视旅游产业的成功经验与发展瓶颈研究》,《决策咨询》2017 年第 5 期。

慕羽:《伦敦西区音乐剧产业结构分析》,《北京舞蹈学院学报》2009 年第 2 期。

欧阳坚:《加快文化产业发展的机遇正在到来》,《人民日报》2009 年 3 月 13 日。

祁军伟:《河南动漫产业所存在问题的思考》,《商丘职业技术学院学报》2011 年第 1 期。

钱紫华、闫小培、王爱民:《城市文化产业集聚体:深圳大芬油画》,《热带地理》2006 年第 3 期。

秦文:《英国西区及美国百老汇对中国戏剧产业的启示》,《今日湖北旬刊》2015 年第 3 期。

曲梦琪:《对文化创意产业的空间集聚促进城市转型分析》,《城市建设理论研究(电子版)》2018 年第 34 期。

任英华、沈凯娇、游万海:《不同空间权重矩阵下文化产业集聚机制和溢出效应——基于 2004—2011 年省际面板数据的实证》,《统计与信息论坛》2015 年第 2 期。

沈能、赵增耀、周晶晶:《生产要素拥挤与最优集聚度识别——行业异质性的视角》,《中国工业经济》2014 年第 5 期。

石正方:《城市功能转型的结构优化分析》,南开大学 2002 年博士学位论文。

[澳]思罗斯比:《经济学与文化》,王志标、张峥嵘译,中国人民大学出版社 2011 年版。

宋长江:《河南民权画虎村虎画的艺术特色》,《商丘师范学院学报》2012 年第 10 期。

宋朝丽:《河南文化产业政策:演进历程与体系完善》,《河南牧业经济学院学报》2019 年第 2 期。

苏畅:《文化产业集聚与发展的分析及建议》,《中国商论》2013 年第 25 期。

苏世民、张忠民:《民权北关镇精心打造"中国画虎第一村"》,《决策探索(下半月)》2011 年第 9 期。

苏雪串:《文化产业在中心城市空间集聚的经济机理和模式探析》,《学习与实践》2012 年第 9 期。

孙超平、刘慧敏、吴勇:《我国纺织业空间集聚水平测度与系统效率评价研究》,《工业技术经济》2015 年第 12 期。

孙浦阳、武力超、张伯伟:《空间集聚是否总能促进经济增长:不同假定条件下的思考》,《世界经济》2011 年第 10 期。

孙智君、李响:《长江经济带文化产业集聚水平测度及影响因素研究》,《学习与实践》2015 年第 4 期。

孙智君、李响:《文化产业集聚的空间溢出效应与收敛形态实证研究》,《中国软科学》2015 年第 8 期。

[日]藤田昌久、[比]蒂斯:《集聚经济学:城市、产业区位与全球化》,石敏俊等译,格致出版社 2016 年版。

田慧:《政府在文化创意产业集聚过程中的作用——以上海市长宁区为例》,上海交通大学 2008 年硕士学位论文。

田蕾:《美国东北部城市群文化产业集聚特征与启示》,《当代经济》2020 年第 9 期。

万晶:《文化产业集群形成研究》,江西财经大学 2013 年硕士学位论文。

万里洋、董会忠、吴朋等:《文化创意产业空间集聚及发展模式研究——以济南市为例》,《科技管理研究》2016 年第 7 期。

王冰:《文化创意产业在城市转型中发挥的重要作用》,《红河学院学报》2020 年第 5 期。

王辉:《产业集群网络创新机制与能力培育研究》,天津大学 2008 年博士学位论文。

王晖:《北京市与纽约市文化创意产业集聚区比较研究》,《北京社会科学》2010 年第 6 期。

王缉慈、童昕:《简论我国地方企业集群的研究意义》,《经济地理》2001 年第 5 期。

王克婴、张翔:《文化产业集聚对国际创意大都市空间结构重构的影响》,《城市发展研究》2012 年第 12 期。

王齐国、张凌云:《文化产业园区理论与实践》,山东大学出版社 2011 年版。

王书羽:《伦敦西区:比肩百老汇》,《中外文化交流》2003 年第 10 期。

王伟年、张平宇:《城市文化产业园区建设的区位因素分析》,《人文地理》2006 年第 1 期。

王文军、丁文锋:《环保产业发展的乘数效应分析》,《电子科技大学学报(社科版)》2007年第2期。

王艳辉:《开封宋都古城文化产业发展现状及对策》,《旅游纵览(下半月)》2012年第18期。

王颖、孟涛:《文化创意产业:经济发展新引擎》,《吉林日报》2009年7月25日。

王志标:《文化产业链设计》,《科学学研究》2007年第2期。

王志标:《汝瓷产业化发展的障碍与对策》,《周口师范学院学报》2011年第4期。

王志标:《文商旅综合体的特征与发展趋势》,《经济纵横》2014年第10期。

王志标:《文化产业园区发展的问题表现与应对方略》,《创新科技》2015年第12期。

王志标、杨京圆:《文化产业集聚研究述评》,《社会科学动态》2019年第7期。

王志标、杨盼盼:《河南省文化产业发展的主要问题及其制衡因素》,《郑州航空工业管理学院学报》2016年第3期。

魏和清、李颖:《我国文化产业聚集特征及溢出效应的空间计量分析》,《江西财经大学学报》2016年第6期。

吴雨石:《旧工业区更新中城市政府职能研究——以温州市中心城区为例》,华东政法大学2016年硕士学位论文。

夏永红、沈文星:《中国林产工业集聚水平测度及演进趋势与产业经济增长——基于2003—2016年数据的实证分析》,《世界林业研究》2018年第6期。

向勇、陈娴颖:《文化产业园区理想模型与"曲江模式"分析》,《东岳论丛》2010年第12期。

肖瑞兰:《河南动漫产业的发展现状及其发展方向》,《中州学刊》2009年第3期。

谢品、李良智、赵立昌:《江西省制造业产业集聚、地区专业化与经济增长实证研究》,《经济地理》2013年第6期。

解学芳、臧志彭:《"互联网+"时代文化产业上市公司空间分布与集群机理研究》,《东南学术》2018年第2期。

邢孝兵、明娟:《集群租金视角下的创业企业孵化研究》,《商业经济与管理》2010年第1期。

许琳、何晔:《论慈善事业发展的乘数效应》,《西北大学学报(社会科学版)》2005年第1期。

徐临心:《基于旧建筑再利用的创意文化产业园发展模式研究》,合肥工业大学2019年硕士学位论文。

徐文燕、周佩:《文化产业园区的集聚效应与全产业链发展模式分析》,《南京财经大学学报》2012年第5期。

徐向荣、李峰、刘永川等:《汝瓷的发展及其特征》,《佛山陶瓷》2018年第7期。

薛东前、张志杰、郭晶等:《西安市文化产业集聚特征及机制分析》,《经济地理》2015年第5期。

薛续友:《纪念周恩来总理批示恢复五大名窑60周年纪念瓷首发行》,《理财(收藏版)》2017年第9期。

晏雄:《丽江民族文化产业集群产生的动力机制研究》,《中国文化产业评论》2015年第1期。

颜洋明:《文化产业集聚与城市经济增长的关系研究》,《商业现代化》2015年第27期。

杨嵘、米娅:《能源化工产业集聚水平实证研究——基于E-G指数的视角》,《财经论丛》2016年第2期。

杨卫武、毛润泽:《文化产业集聚、经济增长与地区差异——基于省级面板数据的回归分析》,《上海师范大学学报(哲学社会科学版)》2015年第4期。

杨宇、王子龙、许箫迪:《文化产业集聚水平测度的实证研究》,《华东经济管理》2014年第2期。

杨宇、王子龙、许箫迪:《文化产业集聚的空间经济模型与实证检验》,《经济问题探究》2014年第7期。

杨贞、李剑力:《河南产业集聚区建设中存在的问题与对策》,《郑州航空工业管理学院学报》2009年第6期。

姚永玲、郑国楠:《创意消费阶层的成长——以北京798艺术聚集区为例》,《经济管理》2012年第4期。

叶莉、范高乐:《区域金融产业集聚水平的测度与效率评价》,《统计与决策》2019年第10期。

应小敏:《伦敦西区剧院的繁盛对中国戏剧产业的启示》,《戏剧(中央戏剧学院学报)》2015年第2期。

于慧芳:《CBD现代服务业集聚研究》,首都经济贸易大学2010年博士学位论文。

喻莎莎:《论文化产业集聚对我国区域经济发展的影响》,《商业时代》2013年第20期。

袁海:《中国省域文化产业集聚影响因素实证分析》,《经济经纬》2010年第3期。

袁海:《中国文化产业区域差异的空间计量分析》,《统计与信息论坛》2011年第

2 期。

　　袁海:《文化产业集聚的形成及效应研究》,陕西师范大学 2012 年博士学位论文。

　　袁新敏、李敖:《自发机制下创意人才集聚地演化过程分析:基于大芬村的案例》,《中国科技论坛》2017 年第 12 期。

　　臧旭恒、何青松:《试论产业集群租金与产业集群演进》,《中国工业经济》2007 年第 3 期。

　　张变玲:《文化产业集聚的影响因素研究——基于中国 30 个省市面板数据的实证分析》,《科技和产业》2016 年第 12 期。

　　张贺:《文化创意产业集聚的知识溢出效应分析》,《商业经济》2017 年第 8 期。

　　张建新、桂焱炜、吴改红:《汝州重磅打造中国汝瓷小镇》,《河南日报》2016 年 8 月 10 日。

　　张洁梅、李丽珂:《河南省文化产业园区发展路径研究》,《市场周刊(理论研究)》2014 年第 4 期。

　　张俊菲:《完善河南省文化产业金融支持政策研究》,河南大学 2015 年硕士学位论文。

　　张立波、陈少峰:《略论政府对文化产业的管理创新》,《福建论坛(人文社会科学版)》2009 年第 10 期。

　　张宁、郑占波:《孟津县南石山村唐三彩产业加速转型升级——用古老三彩技艺"烧"出新前程》,《洛阳日报》2016 年 4 月 12 日。

　　章锐:《城市、政治、文化、市场——20 世纪 60 年代至 90 年代美国纽约苏荷艺术区兴衰史》,《美术观察》2017 年第 9 期。

　　张望:《中国文化创意产业发展模式研究》,南京大学 2011 年博士学位论文。

　　张晓斌:《广东文化遗产活化利用的模式与实践》,《文博学刊》2020 年第 2 期。

　　张燕蒙:《基于国际动画产业集群竞争力评价视角的我国动画产业发展对策研究》,东北大学 2013 年硕士学位论文。

　　张骁鸣、陈熙:《北京 798 艺术区旅游发展背景下的边缘化现象及其解释》,《旅游学刊》2012 年第 9 期。

　　张云飞、张晓欢:《试论我国文化产业园区建设的现状、问题与对策》,《中国市场》2013 年第 20 期。

　　张祝平:《特色文化产业发展问题研究——以河南汝州汝瓷产业为例》,《连云港师范高等专科学校学报》2018 年第 1 期。

　　赵唤:《中国宋庄画家村文化产业发展模式之探讨》,武汉工程大学 2013 年硕士学位论文。

赵星、郭宝、祁宇婷:《文化产业集聚对经济增长的效应研究——基于我国 139 个大城市的实证》,《商业经济研究》2016 年第 24 期。

郑天琪:《郑州市产业结构评价研究》,《合作经济与科技》2020 年第 6 期。

钟永胜:《从"大芬模式"看文化产业的发展》,《特区实践与理论》2008 年第 5 期。

周圣强、朱卫平:《产业集聚一定能带来经济效率吗:规模效应与拥挤效应》,《产业经济研究》2013 年第 3 期。

周笑:《电影娱乐内容产品的增值管理》,复旦大学 2004 年博士学位论文。

周振华:《产业结构优化论》,上海人民出版社 1992 年版。

朱古月、赵丽元:《基于城市层面的文化产业评价与空间集聚测度研究——以武汉市为例》,《现代城市研究》2017 年第 11 期。

朱龙朝:《石佛寺镇玉雕产业发展现状与对策分析》,《现代商业》2016 年第 27 期。

朱蓉:《浙江文化产业园集聚模式及提升路径》,《对外经贸实务》2016 年第 5 期。

庄晋财、吴碧波:《全球价值链背景下产业集群租金及其经济效应分析》,《吉首大学学报(社会科学版)》2008 年第 6 期。

左茜:《当代文化创意产业建筑空间设计研究》,哈尔滨工业大学 2017 年硕士学位论文。

K. J. Arrow, "The Economic Implications of Learning by Doing", *The Review of Economic Studies*, Vol. 29, No. 3 (1962), pp. 155–173.

L. Broersma, J. Oosterhaven, "Regional Productivity in the Netherlands: Evidence of Agglomeration and Congestion Effects", *Journal of Regional Science*, Vol. 49, No. 3 (2009), pp. 483–511.

M. Brulhart, F. Sbergami, "Agglomeration and Growth: Cross-Country Evidence", *Journal of Urban Economics*, Vol. 65, No. 1 (2009), pp. 48–63.

S. Chang, "Great Expectations: China's Cultural Industry and Case Study of A Government-sponsored Creative Cluster", *Creative Industries Journal*, Vol. 1, No. 3 (2009), pp. 263–273.

J. Dennis-Jacob, "Cultural Industries in Small-sized Canadian Cities: Dream or Reality?", *Urban Studies*, Vol. 49, No. 1 (2014), pp. 97–114.

K. Futagami, Y. Ohkusa, "The Quality Ladder and Product Variety: Larger Economies May Not Grow Faster", *Japanese Economic Review*, Vol. 54, No. 3 (2003), pp. 336–351.

Sir P. Hall, "Creative Cities and Economic Development", *Urban Studies*, Vol. 37, No. 4

(2000), pp. 639-649.

J. V. Henderson, "Ways to Think About Urban Concentration: Neoclassical Urban Systems Versus the New Economic Geography", *International Regional Science Review*, Vol. 19, No. (1-2)(1996), pp. 421-425.

Alfred Marshall, *Principles of Economics*, London: Mcmillan, 1920, p. 67.

Kwan Wai Ko, Kin Wai Patrick Mok, "Clustering of Cultural Industries in Chinese Cities", *Economics of Transition*, Vol. 22, No. 2(2014), pp. 365-395.

G.D.A.Macdougall, "The Benefits and Costs of Private Investment from Aboard: A Theoretical Appoach", *The Economic Record*, 36(1960), pp. 13-35.

H.Mommaas, "Cultural Clusters and the Post-Industrial City: Towards the Remapping of Urban Cultural Policy", *Urban Studies*, Vol. 41, No. 3(2004), pp. 507-532.

Michael Polanyi, *The Tacit Dimension*, New York: Doubleday & Co., 1996, pp. 69-82.

Michael E.Porter, "How Information Gives You Competitive Advantage", *Harvard Business Review*, Vol. 36, No. 4(1985), pp. 149-160.

A.C.Pratt, "The Cultural Economy", *International Journal of Cultural Studies*, Vol. 7, No. 1(2004), pp. 117-128.

P.M.Romer, "Endogenous Technological Change", *The Journal of Political Economy*, Vol. 98, No. 5(1990), pp. 71-102.

D.L.Rulke, S.Zaheer, M.H.Anderson, "Sources of Managers' Knowledge of Organization Capabilities", *Organizational Behavior and Human Decision Processes*, Vol. 82, No. 1(2000), pp. 134-149.

W.Santagata, "Cultural Districts, Property Rights and Sustainable Economic Growth", *International Journal of Urban and Regional Research*, Vol. 26, No. 1(2002), pp. 9-23.

A.J.Scott, "Cultural Products Industries and Urban Economic Development", *Urban Affairs Review*, Vol. 39, No. 4(2004), pp. 461-490.

J.G.Williamson, "Regionnal Inequality and the Process of National Development", *Economic Development and Cultural Change*, Vol. 13, No. 4(1965), pp. 1-84.

责任编辑:张　燕
封面设计:胡欣欣
责任校对:王春然

图书在版编目(CIP)数据

文化产业集聚理论与实践研究:以河南省为例/王志标等 著. —北京:
　人民出版社,2022.12
ISBN 978-7-01-025131-8

Ⅰ.①文…　Ⅱ.①王…　Ⅲ.①文化产业-研究-河南　Ⅳ.①G127.61

中国版本图书馆 CIP 数据核字(2022)第 185019 号

文化产业集聚理论与实践研究
WENHUA CHANYE JIJU LILUN YU SHIJIAN YANJIU
——以河南省为例

王志标 等 著

人民出版社 出版发行
(100706　北京市东城区隆福寺街 99 号)

北京九州迅驰传媒文化有限公司印刷　新华书店经销

2022 年 12 月第 1 版　2022 年 12 月北京第 1 次印刷
开本:710 毫米×1000 毫米 1/16　印张:13.25
字数:200 千字

ISBN 978-7-01-025131-8　定价:56.00 元

邮购地址 100706　北京市东城区隆福寺街 99 号
人民东方图书销售中心　电话 (010)65250042　65289539

版权所有·侵权必究
凡购买本社图书,如有印制质量问题,我社负责调换。
服务电话:(010)65250042